Scripto

Philippe Laborde

TK

Gallimard

Pour mon grand-père,
qui me racontait des histoires.

. 1

15 août. 8 heures du matin.

C'est bon, je suis enfin tout seul, plus personne dans mes pattes. Ça fait longtemps que j'attends ce moment, que ma mère se décide à emmener les jumeaux en Bulgarie pour les vacances, sans moi.

J'ai des choses plus importantes à faire que me prélasser au bord de la piscine d'un hôtel cinq étoiles ou sur une plage de la mer Noire. Je m'en tape de Varna, son architecture, ses musées, ses restaurants, sa vie nocturne, ses magasins.

Le plus dur, ça a été de la convaincre de me laisser tout seul quinze jours. Pour réviser, j'ai dit. C'est pas complètement faux, il y a le lycée à la rentrée, et j'assure pas trop en maths. Et en histoire-géo. Et en français, c'est pas top. Résultat: j'ai mon programme de révision aimanté sur le frigo, à côté des numéros d'urgence. Le frigo, il est plein, et ça, c'est le plus important, parce que je compte pas sortir d'ici avant d'avoir réussi à maîtriser le truc. C'est ça, le vrai programme. C'est pour ça que j'ai besoin de tranquillité.

J'ai même fait croire à mes potes que je partais avec ma mère, pour que personne vienne me déranger.

Ma seule contrainte, c'est d'envoyer un petit mail tous les soirs à huit heures pour lui dire que tout va bien – sinon j'ai droit au coup de fil angoissé à huit heures et quart: «On avait dit huit heures, Alan! Tu sais qu'à chaque fois que tu me fais ça, j'angoisse.» Etc. Je sais aussi que ma grand-mère va se ramener à l'improviste pour voir comment son petit-fils préféré survit sans sa môman, et que ça risque de me perturber, mais ça, c'est pas possible d'y couper.

Il faut que je fonce.

Première étape, fabriquer la pyramide en papier alu. Je me suis bien renseigné, il y a plein de sites et de blogs qui expliquent tout en détail. Vous prenez un morceau de papier alu dans la cuisine, vous découpez un carré, genre de dix fois dix centimètres, et vous le pliez en suivant les diagonales. Vous obtenez un triangle, que vous pliez encore en deux. Après, vous dépliez tout, et vous laissez une arête sur deux pliée dans un sens, et une sur deux dans l'autre sens. Si ça vous intéresse, c'est un truc d'origami, le pliage de base d'une bombe à eau – je suis assez calé en origami, surtout en bombes à eau. Enfin bref, vous obtenez une espèce de pyramide en étoile. J'ai préparé un socle, moi j'ai pris un bout de bois, mais ça peut être autre chose, il faut juste que ça soit stable, et j'ai fait un trou dedans, pour y planter un crayon, bien droit. Ce qu'il faut faire, c'est se mettre dans un endroit bien calme, avec aucun courant d'air, c'est super important, poser le socle sur une table et la pyramide sur le crayon, pointe intérieure sur la mine. On vérifie que la pyramide tourne facilement sur la pointe, comme un mobile. Juste en soufflant dessus. Vous vous mettez devant, sur une chaise, pas trop près, et vous commencez à vous concentrer. Il faut le silence, le silence absolu, rien qui perturbe l'attention. Pas d'objets en vue qui pourraient vous faire penser à autre chose. Fermez les volets. Concentrez-vous.

Concentrez-vous.

Et maintenant, faites tourner la pyramide.

Demandez-lui, dans votre tête, de tourner sur elle-même, comme vous demanderiez à quelqu'un de se tourner.

Vous pouvez placer une main près de la pyramide, comme si votre demande passait par votre main. Mais c'est pas obligé.

C'est là que j'en suis. Pour l'instant, ça tourne pas.

Sur les sites de TK – ça veut dire télékinésie – c'est écrit que ça prend du temps, des heures, des jours, des mois, avant d'obtenir un résultat. L'important, c'est d'y croire, d'avoir foi dans la réussite, et de rester concentré.

Il y en a qui disent qu'on peut s'imaginer être la pyramide, et ressentir les effets de l'intérieur. Il y en a qui disent que c'est l'aura qui touche la pyramide et la fait tourner. L'aura, c'est un truc de parapsychologie, un genre de force vitale, un champ d'énergie, ça a jamais été prouvé scientifiquement, mais il y a plein de trucs qui ont jamais été prouvés scientifiquement et qui marchent.

Mes grands-parents ont un voisin qui guérit les brûlures. Ça veut dire que quand quelqu'un est brûlé, mais vraiment gravement, genre il va avoir des séquelles terribles ou bien il va devoir se faire amputer, eh bien ce voisin, il pose ses mains sur la brûlure et il l'arrête. Il se concentre, et c'est comme s'il absorbait la brûlure. Et ensuite, ça guérit et ça cicatrise vachement mieux que ce que les médecins prévoyaient. Je l'ai vu vraiment, ça, quand j'étais en vacances chez mes grands-parents, l'été dernier. Un mec qui venait de se brûler la main en faisant un barbecue. Au troisième degré, ou au quatrième. Elle était fichue, sa main, quoi. Les docteurs, à l'hôpital, attendaient son autorisation pour la lui couper. Un cousin de ce type est venu chercher le voisin de mes grands-parents, et il l'a emmené direct à l'hosto, et il a fait son truc, il a posé ses mains sur les bandages, et il s'est concentré, pendant un quart d'heure, sans bouger. Je l'ai vu parce que, cet après-midi-là, mes grands-parents devaient aller en ville, et comme j'avais pas envie d'aller avec eux, ils m'avaient laissé à la garde du voisin, et lui il voulait pas me laisser tout seul, comme j'étais sous sa responsabilité, et donc il m'a emmené avec lui. J'étais dans la chambre, j'ai tout vu. Enfin, sur le moment, y avait pas grand-chose à voir, mais c'était quand même assez impressionnant.

Après, dans la voiture du cousin, il était hyper fatigué, il m'a dit qu'il aurait pas réussi à conduire.

Quand on est revenus à la maison, il a été se coucher. Il a dormi jusqu'au soir, quand mes grands-parents sont venus me chercher. Je leur ai raconté l'histoire de la brûlure et l'hosto, et ils m'ont dit qu'il fallait le laisser se reposer.

Le lendemain, je suis allé le voir après le déjeuner. Il avait l'air encore bien crevé. Je lui ai demandé ce qu'il avait fait, et il m'a expliqué qu'en fait, c'est son père qui lui a transmis le don de barrer les brûlures – c'est comme ça qu'on dit. Son père travaillait aux forges, mais il était pas ouvrier, il était là pour barrer les brûlures des ouvriers. C'était pas officiel, bien sûr, et il avait une paye de mécanicien, mais tout le monde savait, le médecin de l'usine en premier, que c'était lui qu'il fallait chercher quand quelqu'un se prenait du métal en fusion ou se brûlait sur un fourneau. Quand il avait pris sa retraite, il avait transmis son don à son fils. Je lui ai demandé comment ça se transmettait, mais il m'a pas répondu, parce que le téléphone a sonné, et c'était le cousin du type à l'hosto, qui avait des nouvelles: quand les médecins avaient enlevé les pansements, les brûlures étaient passées de troisième et quatrième degrés à deuxième degré. Ils y comprenaient rien. Avant, la main était fichue, et là, en quelques heures, il y avait déjà un début de cicatrisation.

Plus tard, j'ai regardé sur Internet cette histoire de degrés. Troisième degré, ça veut dire qu'il faut greffer de la peau parce que la peau brûlée ne peut plus se régénérer. Et quatrième degré, c'est brûlé jusqu'à l'os!

Le cousin au téléphone, il était en larmes, il remerciait, et mon voisin répondait qu'il était bien content d'avoir aidé, mais il était pas surpris, ça se voyait. Après, il m'a dit qu'il fallait qu'il se repose encore, et qu'on continuerait d'en parler une autre fois.

C'était un truc de ouf. Vous pouvez regarder sur Internet, il y a plein d'histoires comme ça.

J'ai essayé de demander au voisin de mes grands-parents qu'il me raconte d'autres trucs sur son don, des histoires de son père, mais à chaque fois il changeait de sujet ou il avait pas le temps, et après c'était la fin des vacances, et après c'était la rentrée.

Pour l'instant, ma pyramide tourne toujours pas, mais ça a rien d'étonnant. Je suis pas encore assez concentré, il faudrait pas que je pense à tout ça. D'un autre côté, ces histoires confortent ma confiance. Je sais que c'est possible.

Au collège, j'ai raconté l'histoire du voisin de mes grands-parents à mes potes, et ils étaient vachement impressionnés. Ils avaient aussi des histoires de ce genre, des trucs qu'on raconte dans les familles. Manu, son grand-père connaissait un barreur de verrues – il pose ses mains, et au bout de quelques jours, des verrues qui ont résisté à tous les traitements, laser, nitrate d'argent, azote liquide, des verrues plantaires énormes, disparues pour toujours ! Et pareil, après, le barreur de verrues, il était vidé, il devait dormir pendant deux jours. Et c'était aussi un don qu'il avait reçu de son père. Esteban, c'est son grand-oncle, un agriculteur, qui parlait aux vaches pour les guérir. Les autres agriculteurs du coin, ils allaient le chercher avant le vétérinaire, et lui, il s'approchait des bêtes malades et il leur chuchotait des trucs à l'oreille. Et c'était sa mère qui lui avait passé le don. Mais lui, il l'a passé à personne, parce qu'il est mort dans un accident de voiture. Mais le mieux, c'était Brad, il connaissait un sourcier. Un sourcier, c'est quelqu'un qui trouve de l'eau, même sous la terre, même à plusieurs mètres de profondeur. Ça se pratique partout, et depuis longtemps. À l'origine, c'était pour trouver des sources souterraines, pour faire un puits au bon endroit, mais maintenant c'est pour trouver des canalisations quand on veut faire des travaux sur un terrain. Brad, ses parents avaient fait construire une maison l'année d'avant, et ils avaient fait venir un radiesthésiste – c'est comme ça qu'il s'appelait lui-même. Il avait repéré tout un tas de tuyaux et même une citerne enterrée et un puits condamné, et ça avait évité pas mal de problèmes. Le mieux, c'est qu'il avait fait ça en se promenant sur le terrain, en tenant devant lui un genre de petit cône de métal au bout d'une chaînette – ça s'appelle un pendule – et des fois le cône se mettait à se balancer tout seul de droite à gauche, ou d'avant en arrière, ou bien à tournoyer, et le radiesthésiste revenait et disait ce qu'il avait trouvé.

Le soir, quand ses parents avaient pris l'apéro avec lui, après l'avoir payé, il avait expliqué qu'il travaillait souvent avec les flics pour retrouver des personnes disparues, il tenait son pendule au-dessus d'une carte géographique, on lui donnait une photo de la personne à chercher, et ça marchait, mais les gendarmes en parlaient pas, parce que c'était trop bizarre. Il cherchait aussi des trésors et, d'ailleurs, il était devenu assez riche comme ça, il pouvait travailler quand ça lui chantait, pour des gens qu'il avait envie d'aider. Quand les parents de Brad lui avaient demandé comment ça marchait, il avait répondu que c'était simple, qu'il avait qu'à poser une question, et que son pendule lui répondait. Il suffisait de poser des questions de plus en plus précises, et son pendule répondait oui ou non.

Par exemple, quand il cherchait quelqu'un sur une carte, il tenait la photo de la personne dans la main gauche, et il tenait son pendule de la main droite en le promenant au-dessus de la carte, et il demandait «Est-ce que cette personne est ici?» et le pendule lui répondait en oscillant ou pas. Et quand il avait une réponse positive, alors, il positionnait le pendule plus précisément, et même il changeait de carte, il prenait une carte avec une échelle plus précise, et il s'approchait comme ça de l'endroit exact. Son bureau était rempli de cartes géographiques à toutes les échelles.

Brad avait recopié l'adresse et le numéro de téléphone du radiesthésiste, il s'appelait Gustave Huysmans, et il habitait en ville. On l'avait appelé pour lui demander s'il voulait bien qu'on vienne le voir, pour lui poser des questions pour un exposé. Il avait répondu qu'il avait pas le temps, et que de toute façon il faisait pas ce genre de truc, de recevoir des gens curieux, parce qu'il en finirait jamais.

Il est midi, ça fait presque quatre heures que je regarde cette pyramide. Rien n'a bougé, sauf quand j'ai approché ma main d'un mouvement un peu trop rapide, et le déplacement d'air l'a fait un peu osciller, et j'ai cru pendant une seconde que ça marchait, mais en même temps je le croyais pas vraiment. C'est pour ça qu'il faut faire attention aux courants d'air, c'est trompeur. Je commence à avoir faim, mais j'ai décidé que finalement je vais pas toucher à toute cette bouffe que ma mère a laissée dans le frigo. D'une part, je veux pas perdre de temps à faire la cuisine, réchauffer des plats, et d'autre part, il paraît que le jeûne favorise la concentration. Bouddha, Jésus, le ramadan, tout ça, c'est connu. Bon, je vais y aller doucement. Avant de tourner *The Machinist,* Christian Bale s'est nourri d'une boîte de thon et d'une pomme par jour pendant des mois, pour avoir l'air vraiment maigre sans trucage. S'il l'a fait, c'est que ça doit suffire pour pas être malade ou choper des carences. Je vais faire un truc comme ça, en remplaçant la pomme par une banane de temps en temps.

Midi et quart. J'ai juste mangé une pomme et une banane, j'irai acheter une tonne de thon en boîte au supermarché ce soir, et je me coucherai tôt. Je reprends ma position, face à ma pyramide.

Avec les potes, on voulait pas lâcher cette histoire de radiesthésiste, alors on a pensé à un plan pour quand même réussir à le voir. Après les vacances de Noël, on a rassemblé tout l'argent qu'on avait et, au lieu de s'acheter des jeux vidéo, on s'est dit qu'on pourrait l'engager, comme avaient fait les parents de Brad. On a mis chacun un billet de cinquante, c'est ce qu'ils avaient payé pour qu'il vienne inspecter leur terrain. Mais en réfléchissant bien, on s'est dit que si ce gars travaillait que pour les causes qui lui plaisaient, alors il fallait qu'on lui donne un vrai boulot. Le problème, c'est que ça devait être plausible. On a pensé à perdre un objet vraiment important, et lui demander de le retrouver. On s'est tous creusé la tête. Moi, mon objet le plus précieux, c'est la guitare électrique que mon père m'a donnée quand mes parents ont divorcé, c'est une chouette Gibson SG de 1970 qui a un son de malade. Mais je voyais pas comment j'allais prétendre que cette guitare était perdue, à moins qu'on me la vole, et alors il aurait fallu organiser un faux cambriolage et tout, et ça semblait un peu dingue. Les autres n'avaient pas d'idée meilleure, on allait quand même pas faire semblant d'avoir perdu une console de jeux ou un iPhone. Esteban avait proposé sa montre en or super ancienne – c'était celle de son arrière-grand-père ou arrière-arrière – une belle montre à gousset qui marchait encore, un truc de folie hyper cher. D'ailleurs, ma guitare aussi vaut cher, mais c'était plus facile de perdre une montre. Sauf que cette montre, comme elle était précieuse, ses parents la gardaient dans un petit coffre-fort. Esteban pouvait la prendre, mais il fallait qu'il demande à son père ou à sa mère, qui veillaient toujours à ce qu'il la remette dans le coffre. Ça se comprend. Ni Manu ni Brad avaient d'objet assez précieux pour justifier une recherche. Quand on en discutait, on s'est rendu compte que la valeur des choses, c'était un truc chelou, qui tenait plus à ce que ça nous faisait au niveau personnel, affectif, qu'au prix que ça coûtait. En fait, c'était plus lié aux gens qu'aux choses elles-mêmes. J'aurais bien proposé de rechercher mon père mais, en fait, je sais où il est, et même si c'est loin et dans un autre pays, ça a pas de sens. Manu avait proposé qu'on fasse rechercher le vélo qu'il s'était fait chourer pendant les vacances, mais c'était bizarre de dépenser deux cents balles pour retrouver un BMX tout pourri, et probablement que Huysmans faisait pas les vélos – remarque, il aurait eu du boulot !

Finalement, on a décidé de faire un truc complètement fou, mais c'est ce qui nous semblait le plus malin, à ce moment-là. On a décidé que l'un d'entre nous devait se perdre, et que les autres iraient voir Huysmans pour le retrouver.

. 2

Il est bientôt trois heures, j'ai la méga dalle, et la pyramide a pas bougé d'un micron. Je vérifie de temps en temps en soufflant dessus qu'elle est bien mobile. Elle est bien mobile. Patience, mon jeune Padawan.

Pour monter notre plan, on a tout de suite pensé à la sortie de fin d'année, qui devait avoir lieu fin juin. Une sortie à plusieurs classes en forêt, avec randonnées et bivouac pendant cinq jours. L'idée, c'était qu'un d'entre nous s'arrange pour se paumer assez longtemps. C'était plutôt crétin et assez cruel pour nos familles, mais c'est tout ce qu'on avait.

Tout au long du troisième trimestre, on passait tout notre temps à mettre notre plan au point, chaque fois qu'on se retrouvait chez l'un ou chez l'autre pour soi-disant jouer à des jeux vidéo. C'était trop dangereux d'en causer au collège, il y avait trop d'oreilles qui traînaient. Plus on avançait dans notre plan et plus des obstacles surgissaient. On avait décidé que c'était mieux que deux d'entre nous fassent semblant de se perdre, ça semblait plus rassurant, et on avait même tiré au sort : Esteban et Brad – Manu était exempté d'office, à cause de son asthme. Il restait plein de problèmes. Comment quitter le groupe sans se faire repérer ? Dans ce genre de sortie, il y a toujours des adultes en train de compter et de recompter les élèves. Et si on y arrivait, comment se barrer assez loin pour pas se faire retrouver trop vite ? Et comment survivre dans la forêt pendant plusieurs jours ? Parce que c'était sûr qu'il y aurait d'abord les flics qui feraient des battues, et comment se justifier une fois retrouvés ? On pouvait prévoir des rations de bouffe supplémentaires qu'on cacherait, mais on pouvait pas trimballer des packs de bouteilles d'eau ! Et s'il y avait des chiens avec les flics, ils retrouveraient Esteban et Brad en un clin d'œil s'ils brouillaient pas leur piste. Il fallait pour ça trouver un cours d'eau et le suivre assez longtemps, mais on était pas du tout sûrs qu'il y aurait une rivière dans les parages.

Bref, la sortie avait eu lieu, on était pas prêts et on avait rien fait.

Quand on s'est retrouvés, le premier jour des vacances, on avait le cœur à rien, ni à jouer ni à remettre de nouveaux projets sur le tapis. On a attendu Manu tout l'après-midi, mais il s'est pas pointé. On a pensé qu'il était tellement dégoûté et déprimé qu'il voulait pas nous voir. Le lendemain, quand je l'ai appelé, sa mère m'a répondu qu'il était parti en fin d'après-midi chez Brad, pour y passer la soirée et la nuit, mais je savais bien que c'était pas vrai, puisqu'on y était, chez Brad, la veille. J'ai essayé de l'appeler sur son portable, mais il était sur répondeur. J'ai appelé Brad, au cas où, mais il m'a juré que Manu s'était pas pointé du tout. Esteban l'avait pas vu non plus. On s'est retrouvés tous les trois chez moi, et on a commencé à avoir des soupçons. Je suis passé chez lui, prétextant un jeu vidéo à récupérer dans sa chambre, pour voir si je pouvais trouver des indices. Son sac était là, alors que d'habitude il le traîne partout avec lui, ça m'a mis la puce à l'oreille. Dedans, il y avait son téléphone, éteint, sa carte de bus, et sa Ventoline. Après avoir fourré un jeu vidéo dedans, j'ai pris le sac et rejoint les potes qui m'attendaient au coin de la rue, et quand je leur ai montré le contenu du sac, ils ont compris : Manu était parti se perdre, tout seul, pour qu'on oblige Huysmans à le retrouver.

Je craque, je mange encore une banane. Je pensais pas que ça serait aussi crevant de rester assis à rien faire que regarder un bout d'aluminium.

Encore une heure ou deux, et j'irai faire des courses. Je veux du thon en boîte !

Il y a plusieurs formes d'asthme. Manu souffre d'asthme chronique depuis tout petit. C'est pas un truc lié à la poussière ou au pollen, c'est pas allergique. C'est une inflammation des bronches, une gêne qui est là un peu tout le temps. Mais des fois, il fait des crises, et on a l'impression qu'il va s'étouffer, comme si quelque chose d'invisible l'étranglait, c'est hyper impressionnant. Dans ces cas-là, il sort de son sac à dos son inhalateur à Ventoline, et il s'en envoie un bon pschitt au fond de la gorge, et après il peut à nouveau respirer normalement. Ça arrive pas souvent, mais c'est imprévisible. J'ai entendu une fois nos mères qui en causaient ensemble, et la mère de Manu disait que c'était un truc, les crises, lié à l'angoisse, au stress, genre avant des examens.

Son sac à dos, avec sa Ventoline, c'est nous qui l'avions. S'il faisait une crise maintenant, sans son inhalateur, sans son portable, tout seul, ça pouvait être hyper grave. Et ça servait à rien d'en parler à sa mère, parce qu'elle pourrait rien faire, à part appeler la police, et eux non plus, ils pourraient rien faire. Manu pouvait être n'importe où, et, surtout, Manu avait choisi d'être n'importe où, il nous laissait une seule option, une seule manière de le retrouver : Huysmans.

J'en peux plus. Je vais arrêter maintenant, ça sert à rien et je commence à avoir mal à la tête. Ça me fera du bien de prendre l'air en vélo, et le supermarché, ça me changera les idées. Du thon, des bananes, des pommes.

On s'était dit que ça servait à rien d'appeler, on a foncé au centre-ville, jusqu'au vieil immeuble de la rue du Dragon où vit Huysmans. Après avoir attaché nos vélos, on a attendu discrètement que quelqu'un entre ou sorte pendant une demi-heure, Brad avait envie de laisser tomber, mais Esteban a craqué et il a appuyé sur toutes les sonnettes. C'était le genre d'immeuble avec un gardien à l'entrée mais, coup de bol, il y en avait pas, en tout cas pas à ce moment-là, et quand on a entendu le petit clic de la serrure, on a poussé la grosse porte en bois et on s'est engouffrés dans le hall. C'était tout vieux avec des tapis et de la pierre et du bois et des espèces de vases en métal jaune, des tableaux géants avec des filles à poil qui se baignent, des arbres, des biches, des oiseaux. On connaissait pas l'étage, alors on a pas pris le vieil ascenseur en bois – en bois ! Genre ça devait être un ascenseur construit par Léonard de Vinci ! – et on a gravi les marches recouvertes d'un tapis rouge tout élimé sur les bords. À chaque étage, il y avait deux portes, avec des étiquettes gravées en métal jaune, comme les trucs du hall. Au quatrième, on a trouvé ce qu'on cherchait : « G.HUYSMANS - RADIESTHÉSISTE - Sur rendez-vous ».

J'imaginais pas qu'il y avait autant de choix dans le rayon thon en boîte. Christian Bale a pas précisé si c'était du thon blanc ou du thon albacore, si c'était du thon en tranches ou en miettes, au naturel ou à l'huile ou à la tomate ou au citron vert. En boîte de cent grammes, deux cent cinquante grammes ou cinq cents grammes ? Je demanderais bien à la dame qui remplit les rayons si elle sait ce que Christian Bale mange comme thon en boîte. Déjà, elle saurait même pas qui est Christian Bale, je serais obligé de lui dire *Batman* pour situer, et j'imagine sa tronche. Qu'est-ce que Batman mange comme thon ? Saupiquet ou Petit Navire ? Connétable ? C'est plus cher, mais il est milliardaire, Batman. La dame remarque que je la fixe en rigolant tout seul, elle vient me voir et me demande si j'ai besoin d'un renseignement, alors j'improvise un truc en disant que c'est ma mère qui veut faire un régime à base de thon en boîte et de pommes, et elle me répond : « Ah ! oui, comme Christian Bale ! »

Waouh ! Elle me conseille une marque encore plus chère qu'on trouve dans le rayon épicerie fine, parce que si on doit manger une seule chose, autant que ça soit top. J'approuve. Je lui demande si elle a une préférence pour la variété de pomme, et elle en a vraiment une ! Mais on la trouve pas au supermarché, sa Cox Orange Pippin, faut aller au marché pour en avoir. Au rayon fruits et légumes, elle me conseille la reinette grise du Canada. Pour les bananes, tranquille, juste à choisir entre bio et pas bio. Je prends bio, parce que si on doit manger une seule chose, hein !

On est restés un petit moment devant la porte, et je me suis décidé à appuyer sur le bouton de la sonnette. Ça a fait comme un bruit de carillon lointain. On était pas fiers, je vous jure. La porte s'est ouverte sur Huysmans ; il était comme Brad nous l'avait décrit : l'air d'un vieux prof de français à la retraite, avec des cheveux blancs plutôt longs sur les côtés du visage, et plutôt inexistants sur le haut de la tête, des petites lunettes dorées, de grosses touffes de poils blancs comme sourcils, un genre de gilet en laine, une chemise de vieux, un pantalon de vieux, enfin vieux chic, quoi, un nœud papillon rayé. Des pantoufles. Mais un air plutôt sympa, en fait – sur le moment, il a dû penser qu'on voulait lui fourguer des billets de tombola pour la fête de l'école, ou un truc comme ça. Et puis, il s'est mis à froncer ses gros sourcils blancs, il avait reconnu Brad. Il y avait un de ces silences. Finalement, je me suis lancé :

– Monsieur, on a besoin de vous, c'est très important, c'est une question de vie ou de mort !

Il m'a regardé, vraiment en plein au fond des yeux, et j'ai soutenu son regard, avec mon air le plus implorant, celui que je sors à ma mère quand je veux un truc alors que j'ai eu une sale note. Il a cligné des yeux, et c'est comme s'il était sorti d'un rêve d'un seul coup, son visage s'est détendu et il a dit :

– Entrez.

. 3

16 août. 7 heures 30 du matin.

Quand mon réveil a sonné, j'étais en train de rêver à de la bouffe. J'ai eu hyper du mal à m'endormir, cette nuit, en fait je crois que j'ai réussi à m'endormir il y a dix minutes, parce que je me sens vraiment crevé. Ça doit être la faim. En même temps, j'ai assez la pêche et envie de m'y remettre pour descendre de mon lit, enfiler un short et filer à la cuisine. DU THON ! Le carton que j'ai ramené du supermarché est sur la table, j'y pioche une boîte que je décapsule trop brusquement et je me fous du jus de thon sur les pieds. Je donne un coup d'éponge par terre et je me résigne à passer par la salle de bains, parce que je vois bien qu'avec les pieds qui puent le poisson, je pourrai jamais me concentrer. Je m'assieds sur le bord de la baignoire, et je me mouille les pieds et je les savonne, et puis j'ai une illumination : j'enlève mon short et je prends une douche. C'est pas mal, une douche. En me shampooinant la tête, je repense à mon rêve de bouffe. C'était grave dingue, ce rêve. J'étais dans un MacDo en train de savourer un Royal Bacon, et il y avait Batman derrière le comptoir, qui me regardait avec un air affamé. Et moi je haussais les épaules, comme pour protéger mon hamburger, pour pas qu'il me le chourre. Je précise que c'était le Batman/Christian Bale, ce qui est assez évident, pas le Batman/Clooney, ni le Val Kilmer, ni le Michael Keaton. Je parle même pas du gars de la vieille version kitsch pourrie des années soixante.

Je me sèche, je remets mon short et je retourne dans la cuisine pour manger mon thon. D'abord, je bois un grand verre d'eau. Et je mange directement dans la boîte. C'est bon. Je sais pas si ça justifie le prix, parce que j'ai tellement faim que je mangerais de la bouffe pour chats, mais ça fait du bien. Après, je bois encore un verre d'eau, et je mange une reinette grise du Canada, et c'est bon aussi, ce sucre, cette fraîcheur, ce jus. Je crois que c'est la meilleure pomme que j'aie jamais mangée. Il est presque huit heures, va falloir s'y remettre.

La pyramide en alu a pas bougé. Elle me défie. Elle m'énerve déjà, alors que j'ai pas commencé. Il faut que je me calme. Sur les sites de TK, ils disent qu'il faut avoir mangé pour pas être perturbé par la faim, ça c'est fait. Qu'il faut pas se crisper, pas réfléchir. Il faut ressentir, sans rien penser, sans forcer, détendu. Et garder la foi. C'est sûr que je vais y arriver. Je le sais.

Le cabinet de travail de Huysmans était exactement comme on pouvait l'imaginer, avec des rayonnages de bouquins sur tous les murs, un gros bureau ancien sur un tapis genre indien avec des motifs rouges, des chaises de grand-mère avec des tissus à fleur et un gros fauteuil en cuir. Il nous a fait asseoir sur les chaises, et il s'est assis dans son fauteuil, il s'est penché vers nous, les coudes sur le bureau, il a croisé les doigts de ses mains et il a posé son menton dessus. Une vraie caricature. Il nous a regardés chacun à notre tour, moi, Esteban, Brad, puis à nouveau moi, et il a dit:

Quel est le problème?

J'avais pas vraiment réfléchi à ce que j'allais dire, s'il fallait parler de nos plans pour le rencontrer, tout ça, et sur le moment, ça m'a semblé pas très important, alors j'ai répondu:

– On a un pote qui a disparu depuis hier, il a pas son téléphone, et il fait de l'asthme, et il a pas sa Ventoline, alors s'il fait une crise, ça peut être hyper grave.

– Je vois. Vous avez bien sûr vérifié auprès de sa famille.

C'était pas une question, plutôt comme une affirmation qu'il se faisait à lui-même. Il a encore cligné des yeux et il a continué:

– Qui est-ce qui l'a vu en dernier?

– Sa mère. Elle a dit qu'il était sorti hier en fin d'après-midi. Elle a dit qu'il partait chez Brad, vous savez, c'est sur le terrain des parents de Brad que vous avez fait des recherches il y a deux ans.

Il acquiesça en jetant un regard vers Brad.

– Je me souviens. Et il n'est jamais arrivé. Avez-vous une idée de la raison qui l'en a empêché?

On s'est regardés, avec Brad et Esteban, et j'allais répondre qu'on avait une idée quand il a repris la parole:

– Oui, bien sûr. Vous savez pourquoi. Pouvez-vous me le dire?

J'étais scié.

– En fait, c'est un peu compliqué, peut-être qu'on peut déjà le trouver, et après on vous expliquera tout ?

Il m'a regardé d'un air plus sévère, et il a fait non de la tête.

– J'ai besoin de connaître tous les détails avant de commencer. Quelques minutes supplémentaires de préparation peuvent avoir un effet déterminant et épargner des heures ou des jours de recherche. Je vous écoute.

Il est dix heures. J'ai l'impression de revivre la même journée qu'hier. En plus long. Patience, patience, patience.

J'ai jamais vraiment réussi à aller au bout des trucs difficiles que j'ai essayé de faire. C'est comme quand j'ai voulu faire du *shred* à la gratte. Le *shred*, c'est une technique pour jouer hyper vite, un truc inventé par un mec qui se prenait pour le Mozart de la guitare électrique, Yngwie Malmsteen qu'il s'appelait. Il voulait jouer aussi vite que le plus grand virtuose du violon, Paganini, qui pouvait jouer dix-neuf notes à la seconde, ou un truc de ouf comme ça, et qui avait écrit des morceaux qu'il était le seul à pouvoir interpréter. Malmsteen, son style, c'était plutôt *metal*, et ça a influencé pas mal de musiciens de hardrock. Faut dire que c'est bien frais. Et moi, même si c'était pas les trucs que j'écoutais, je voulais faire la même chose, impressionner les potes, tout ça. J'ai téléchargé des tablatures – c'est des partitions spéciales pour guitare – et j'ai regardé des vidéos, et j'ai travaillé, travaillé, pendant au moins deux heures par jour, tous les jours, pendant un an. J'ai étudié l'harmonie, les modes, les gammes; j'ai bossé dur, la main gauche – *hammer-on, pull-off* – la main droite – *sweeping, tapping, vibrato.* J'en avais des crampes. J'avais le bout des doigts plein de corne. J'arrivais à rien, c'était pas fluide. Six notes à la seconde maxi. J'étais pas un *schredder.* À force, j'ai commencé à me dire que j'étais pas doué, que Malmsteen, il travaillait la gratte quatorze heures par jour à mon âge, que mes doigts étaient trop petits. J'étais démotivé. Paganini avait la maladie de Marfan, un truc génétique qui faisait qu'il avait les ligaments hyper souples, donc des mains avec des doigts hyper extensibles. Comment je pouvais rivaliser? Sûrement que tous les *shredders* avaient ce genre de syndrome. J'étais dégoûté. J'ai laissé tomber.

Bon, tout cet entraînement, ça m'a quand même bien fait progresser, et aujourd'hui je peux sortir un solo d'Angus Young sans m'échauffer, ou même certains trucs d'Hendrix. Mais Michael Angelo, Steve Vai, Paul Gilbert, c'est pas la peine. Ces gars-là carburent à quinze ou seize notes par seconde pendant des morceaux entiers!

Je me pensais pas capable d'y arriver, c'était ça le problème. Mais là, j'y crois. J'ai la foi. Concentré.

Huysmans attendait tranquillement que je crache le morceau, et le temps pressait, si ça se trouvait, Manu était en train d'étouffer dans un parc, ou sous un pont, ou je sais pas où. Alors j'ai inspiré un bon coup et je lui ai tout sorti, notre plan pour le rencontrer, la manière misérable avec laquelle on avait rien fait, notre déception, et tout et tout. Pendant tout ce temps, il me regardait fixement. À la fin, il s'est redressé, et il s'est laissé aller en arrière dans son fauteuil, il a fermé les yeux, et quand il les a rouverts, il m'a juste demandé :

– Avez-vous une photo de votre ami ?

. 4

Une photo ! Des mois qu'on échafaudait tout ça et on avait même pas pensé à prendre une tof ! J'ai répondu piteusement qu'on avait pas eu le temps, mais qu'on avait son sac, avec son portable et sa Ventoline. Brad a gueulé :

– Des photos, il y en a dans son téléphone !

J'ai fouillé fébrilement dans le sac, et je suis tombé direct sur la carte de bus de Manu, avec une belle photo d'identité.

– J'ai mieux que ça ! j'ai dit.

Huysmans a bondi de son fauteuil, attrapé la carte de bus, sorti une carte géographique de la ville d'une de ses étagères et l'a dépliée sur son bureau. Il a pris dans la poche de son gilet en laine son pendule, ça ressemblait à un petit obus suspendu à une chaîne, et il l'a laissé pendre à l'aplomb de sa main droite, en regardant la photo de la carte de bus, qu'il tenait dans sa main gauche.

Il baladait son pendule sur le sud de la ville, autour de notre quartier. Il restait immobile à un endroit, puis il déplaçait sa main de quelques centimètres, et il continuait comme ça, en remontant vers le nord. Il a quadrillé toute l'île, d'est en ouest. Rien. Il a traversé l'autre bras du fleuve et commencé à fouiller le centre-ville. À un moment, le pendule s'est mis à osciller, d'abord de cinq millimètres, puis avec de plus en plus d'amplitude. Huysmans a sorti une autre carte, plus précise, du centre-ville, et recommencé. Sur cette carte, on pouvait voir les emplacements des immeubles. Au fur et à mesure, il s'est mis à sourire. À un moment, on l'a entendu murmurer « le petit salaud ! » mais il avait pas l'air vénère, il rigolait plutôt. Il a soupiré en secouant sa vieille tête, et il a posé son pendule sur la carte, et puis il s'est tourné vers nous et il nous a fait signe de le suivre. On l'a donc suivi dans le couloir. Il a ouvert la porte sans rien dire, et il nous a fait signe de sortir, avec son doigt pointé sur l'escalier. J'étais vert. Brad était furax, il est sorti d'un bond dans le couloir et il a commencé à descendre les marches quatre à quatre, mais Huysmans a crié « Non, non ! En haut ! », et maintenant il montrait l'escalier du haut. Les yeux qu'on a faits ! On a grimpé en vitesse. Au cinquième, le palier était pareil qu'au quatrième. Au sixième, c'était l'appartement le plus haut, mais l'escalier continuait après une vieille porte en bois sans serrure. Il était en moins bon état, sans tapis, et les murs étaient nus. On montait plus doucement maintenant, dans la pénombre car cette partie de l'escalier était pas éclairée. Sur le palier supérieur, il y avait Manu, assis contre la porte du grenier, en train de tranquillement déguster une barre chocolatée, son casque sur les oreilles. Posé. Il nous a vus arriver, on devait avoir une drôle de tronche, genre hallucinés, parce qu'il a rigolé tellement fort que des bouts de Twix ont volé jusqu'à nous. On lui a sauté dessus en le traitant de connard et de pauvre débile et en se retenant de pas l'embrasser tellement on était soulagés.

Je commence à me demander comment Batman a fait pour tenir un mois avec son thon et ses pommes. Peut-être qu'à Hollywood ils font des boîtes de thon de deux kilos et des pommes géantes.

Quand j'ai raconté à l'employée du supermarché le truc sur ma mère qui faisait un régime, c'était pas complètement un mytho. Ma mère elle fait souvent des cures, comme elle dit. Elle boit de la sève de bouleau, du jus d'ortie, elle mange des algues. Pendant les périodes où elle fait ses cures, je vous raconte pas la tête du frigo, c'est comme une pharmacie dans une poubelle de feuilles. Elle dit que c'est bon pour purger le corps. Ouais. Mais bon, elle nous fait pas manger ses trucs, aux jumeaux et à moi, c'est juste pour elle. N'empêche que ça fait bizarre de la voir siroter des extraits de pépins de pamplemousse ou croquer du charbon. Du charbon !

Quand on est redescendus chez Huysmans, la porte était ouverte et il nous attendait dans le bureau, assis dans son fauteuil. On s'attendait à se faire engueuler, surtout Manu, mais non, il lui a dit bonjour en lui faisant un clin d'œil et il nous a dit de nous asseoir.

– Je vois que vous êtes bien déterminés à faire cet exposé.

Nos yeux : comme des soucoupes.

– Allez, posez-moi vos questions !

On s'est regardés. On avait pas pensé à préparer des questions.

Je me suis lancé le premier :

– Ce que vous faites, c'est un truc que vous avez appris, ou c'est un don ?

Il s'est enfoncé dans son fauteuil, il a croisé les jambes et il a réfléchi un petit moment avant de répondre :

– J'avais à peu près votre âge, la première fois que je me suis rendu compte que j'avais l'intuition de certaines... comment dirais-je... évidences. Je n'étais pas un élève très brillant, vous savez, j'étais un peu dans la lune, toujours à rêvasser. Un jour, un professeur nous a donné un devoir d'un genre un peu particulier. C'était un test de connaissances générales, avec des questions sur un peu tout, sciences, mathématiques, culture, langues... Il y avait énormément de questions, et certaines extrêmement difficiles. C'était un QCM, un Questionnaire à Choix Multiples...

– Ah ouais, a fait Esteban, on en a eu un en anglais au brevet, faut cocher la bonne réponse entre quatre propositions, et si on se goure on a une note négative, donc il vaut mieux pas répondre si on sait pas.

– Et en plus, c'était hyper long, a repris Manu, personne a pu finir, mais la prof nous a expliqué que c'était fait exprès, et que c'était pour mieux évaluer le niveau des élèves.

– C'est tout à fait ça. C'était nouveau à mon époque. J'ignorais que personne n'était censé terminer le questionnaire, et j'ai paniqué. J'ai commencé à répondre au hasard, et c'est alors qu'il s'est passé une chose très étrange.

On était suspendus à ses lèvres. Il s'est levé et il a commencé à marcher autour de son bureau en continuant son histoire.

– À la première question, j'ai posé la pointe de ma plume au-dessus de la case à cocher de la réponse A, j'ai fermé les yeux, et je me suis clairement posé la question dans ma tête: «Est-ce que c'est cette réponse?». Et aussi incroyable que ça puisse paraître, j'ai su que c'était non, de manière évidente, comme on sait que le feu brûle ou que l'eau mouille. J'étais assez déconcerté, comme vous pouvez l'imaginer. J'ai donc déplacé la pointe de ma plume au-dessus de la case B. J'ai reposé la question «Est-ce que c'est cette réponse?», et j'ai obtenu la même réponse. Idem pour la C. Arrivé à la D, sans même avoir à me poser la question, le oui a surgi dans mon esprit, avec autant de force que le non des trois premières propositions. Donc j'ai coché la réponse D. Et je suis passé à la deuxième question. J'ai fait tout le test, de la même manière, en allant de plus en plus vite. Je lisais la question, puis les quatre réponses proposées, et je passais la pointe de ma plume au-dessus des cases, jusqu'à ce que je trouve la bonne. Le plus étonnant, c'est que certaines des questions étaient vraiment incompréhensibles pour moi. Mais j'étais sûr de mes réponses.

– Et alors, j'ai demandé, c'était juste?

– À cent pour cent!

5.

Brad et Esteban et Manu et moi, on était scotchés. Huysmans continuait de raconter son histoire.

– Évidemment, j'ai eu des problèmes. Même un génie n'aurait pas pu réussir ce QCM, surtout en si peu de temps. Les professeurs m'ont accusé de tricherie, et je me suis fait expulser !

– Ah, les bâtards ! a lâché Esteban.

– C'est ce que je me suis dit également à l'époque. Dans des termes différents, cela va de soi. Mais ça ne m'a pas beaucoup embêté, finalement. Ce que j'avais découvert était tellement plus important. J'ai donc quitté l'école, sans remords.

– Et c'est là que vous avez commencé comme radiesthésiste ?

– Oh, non ! C'est venu beaucoup plus tard. J'ai d'abord perfectionné mes capacités. Je n'avais aucune idée de ce que j'allais faire avec, mais j'étais certain que ça pouvait être très utile.

– Alors qu'est-ce que vous avez fait ?

– En essayant de reproduire ce qui s'était passé

pendant le QCM, je me suis rendu compte que je n'arrivais plus à être aussi sûr de mon intuition.

– Vous aviez perdu le don ? a demandé Brad, inquiet.

– Au fond de moi, je savais que non. Je le sentais. Mais quelque chose m'entravait. Quelque chose bridait cette capacité. Et il m'a fallu beaucoup de temps et de travail pour trouver ce que c'était.

– Mais vous avez fini par trouver, hein ?

– J'ai fini par trouver ce que c'était. Voulez-vous du thé ?

J'ai failli en tomber de ma chaise. Du thé, là maintenant ?

Il est sorti du bureau pour aller dans une pièce qui devait être la cuisine tout en continuant de parler :

– À cette heure-ci, un thé de Chine fumé fait le plus grand bien, même si je n'ai pas eu à dépenser beaucoup d'énergie pour retrouver le petit farceur.

On entendait qu'il versait de l'eau et qu'il manipulait de la vaisselle. Il est revenu passer la tête dans le bureau.

– Quatre thés fumés, donc ? Mmm... Vous n'avez pas l'air très enthousiastes. Vous verrez, ça vous fera du bien, à vous aussi.

Ma mère a des dizaines de thés et d'infusions différents. Des centaines. Des placards entiers. Elle dit que le thé est excellent, diurétique – ça fait pisser – et bien plus sain que le café. On croit toujours que c'est les Chinois ou les Japonais qui ont commencé à boire du thé, mais en fait ça vient d'Inde, à la base. C'est quand les religions indiennes – ou hindouistes, je confonds un peu tous ces trucs-là – se sont développées en Chine que le thé a commencé d'y être consommé. Dans ces religions, on médite un max, et le thé, ça aidait les moines à pas s'endormir pendant les méditations.

C'est une bonne idée, ça, je vais me faire du thé. Il faut juste que j'arrive à choisir. J'ai vu qu'il y avait des thés spéciaux pour le yoga, je vais prendre ça, ça m'aidera à me concentrer sur cette maudite pyramide.

Une minute après le sifflement de la bouilloire, Huysmans se pointait avec un plateau sur lequel il avait mis une théière, cinq tasses, un sucrier, un petit pot de lait et des petites cuillères. Il a posé le plateau sur son bureau et il a repris son histoire pendant que le thé infusait.

– Où en étais-je ? Ah, oui ! Cette chose qui m'entravait. J'ai finalement compris ce qui n'allait pas. J'ai réfléchi à mon état d'esprit le jour de l'examen, j'étais paniqué, bouleversé, désespéré. Trouver ces réponses était vital pour moi, ce jour-là. C'est cela qui avait provoqué cette manifestation extraordinaire, ce don. Et j'ai compris que cela ne fonctionnait que dans ces conditions. Il fallait vraiment en avoir besoin pour que ça marche.

On se regardait, un peu interloqués.

– Ça a l'air simple, comme ça, mais je vous promets qu'avant d'arriver à cette conclusion je me suis arraché les cheveux.

– C'est comme un système d'urgence, alors ?

– En quelque sorte. Ce n'est en tout cas pas une faculté utilisable sur commande, pour tout et n'importe quoi.

– Alors, par exemple, je me disais, si vous essayiez

de remplir une grille de Loto, avec votre technique du stylo-plume…

– Ça ne marcherait pas. Sauf si ma vie ou la vie de quelqu'un d'autre en dépendait car, dans ce cas-là, cela deviendrait vital. Ceci étant…

Il s'est retourné et il a commencé à verser du thé dans les tasses et à nous les distribuer.

– Sucre et lait pour tout le monde ? Ce n'est pas très digeste, mais c'est délicieux.

C'était carrément délicieux.

– Ceci étant, j'ai depuis réussi à domestiquer quelque peu ce don, à force d'entraînement, de manière à pouvoir l'utiliser dans des circonstances moins, disons, dramatiques.

– Comme pour le terrain de mes parents, a dit Brad.

– Exactement comme pour le terrain de tes parents. Tu vois, ils n'avaient pas un besoin vital de savoir ce qui y était enfoui, et s'il y avait de l'eau, mais ils en avaient tout de même besoin, et c'était suffisant.

– Et pour les trésors ?

– Ah, ce genre de recherches, je ne les entreprends que pour des bonnes causes, pour des historiens qui ont besoin de confirmer des thèses, par exemple. Et ces trésors sont restitués à l'État ou au propriétaire légitime, moins un petit pourcentage que je prélève pour mon travail.

J'avais une question qui me brûlait les lèvres.

– Mais comment vous êtes passé du stylo au pendule ? Enfin, c'est pas la même chose, non ?

– En réalité, c'est exactement la même chose. Le pendule est un accessoire qui m'aide à focaliser ma pensée, mais le principe reste le même : j'indique un endroit et je pose une question, dont la réponse peut être oui ou non. Les sourciers, pour trouver de l'eau, utilisent généralement des baguettes qui réagissent quand ils se trouvent au-dessus d'une certaine quantité d'eau, mais ils n'en ont pas plus besoin finalement que moi du pendule. Ça facilite un peu le travail, mais le principe est le même. Ils se demandent s'il y a de l'eau en dessous d'eux, et la réponse leur vient, dans la tête ou par les baguettes. Personnellement, il m'arrive de cligner des yeux quand la réponse est positive, vous l'avez peut-être remarqué.

J'avais remarqué, mais je pensais que c'était un tic nerveux, un truc comme ça. Les questions continuaient à se bousculer dans ma tête.

– Tout à l'heure, vous avez dit que vous aviez dépensé de l'énergie pour trouver Manu. Ça fait quoi, ça vous fatigue comme du sport ?

– C'est une fatigue mentale, principalement, comme quand vous avez planché pendant deux heures sur un problème de mathématiques très difficile. Mais ça se traduit aussi par une lassitude générale, et je dois me reposer avant de recommencer, le temps de regonfler mes batteries, si je puis dire.

Douze heures que je mate cette pyramide. Douze heures que je me concentre pour essayer de pas penser, mais c'est déjà penser que d'essayer de pas penser. Il paraît qu'il faut pas essayer trop fort, parce que ça veut dire qu'on est pas vraiment sûr que ça marche. Ça doit marcher sans effort. Naturellement. Comme on respire, sans y penser. Calme. Patience. Vide.

. 6

Le plus dur, c'est de pas penser à ce qui se passera quand je réussirai. Parce que je vais réussir. J'y crois. J'ai la foi. Je sais que ça existe. J'ai vu que ça existe. Concentré.

C'est sûr, je serai un genre de super-héros. Trop de la balle. Je pourrai sauver des gens, ou combattre le mal. Enfin, bon, le mal, je sais pas trop ce que c'est en vrai. Dans les films et dans les comics, il y a toujours des méchants qui veulent faire des trucs de fou pour dominer le monde, mais en vrai, je sais pas, peut-être des terroristes ou des dictateurs sanguinaires. Quoique je suis pas sûr que la TK soit vraiment un truc efficace contre une armée de guerilleros armés de kalachnikovs et de grenades. Bon, je compte pas m'arrêter à la TK, c'est juste une étape, c'est le déclic. Quand ça sera fait, tout sera possible.

On avait fini notre thé. Huysmans a décidé que l'entretien était terminé, qu'on avait de quoi faire un bon exposé. Manu s'est excusé d'avoir monté ce coup, et Huysmans a reconnu qu'il trouvait ça plutôt courageux et il nous a reconduits à la porte de son appartement. Il nous a serré la main, et il a demandé à Brad de saluer ses parents de sa part. Mais juste avant qu'il referme sa porte, j'ai tenté le coup.

– Vous pourriez pas nous apprendre ?

Il nous a regardés d'un air tout désolé, comme si j'avais dit exactement le truc qu'il redoutait.

– Malheureusement, ça ne s'apprend pas, c'est un don, comme je vous l'ai expliqué.

– Mais ça se transmet. Je connais un mec qui a un don pour soigner les brûlures et c'est son père qui lui a transmis. Et un autre pareil, qui soigne les verrues. Ça se fait.

– C'est vrai.

Il y a eu un grand silence, et il a dit :

– Mais j'ai déjà choisi la personne à qui je vais transmettre mon don.

Il voyait qu'on était dépités. Surtout moi. Il me regardait toujours avec cet air désolé. Et, tout à coup, il a cligné des yeux.

Deuxième journée terminée. Je suis mort de faim et de fatigue, et c'est trop bon de se coucher. Je m'attends à pas beaucoup dormir à nouveau cette nuit, alors je fais les exercices de relaxation que ma mère m'a appris. Expirer à fond mais doucement, en tenant le plus possible à vide, et inspirer aussi à fond, mais pas trop vite, et bloquer aussi, et à nouveau expirer, etc. Et faire le vide, laisser passer les pensées au loin, comme on laisserait passer un train, sans le prendre. Les pensées sont là, mais pour l'instant on veut pas prendre le train. Inspiration. Expiration.

Il y a des moines bouddhistes tibétains qui pratiquent une technique incroyable, ça s'appelle le *toumo*. C'est à base de respiration et de relaxation. Ces gars arrivent à faire monter la température de leur corps pour lutter contre le froid, ils sont dans la neige à poil, dans l'Himalaya, et ils chauffent ! *Toumo*, ça veut dire « feu intérieur ». Il y a de ces moines, ils se mettent à genoux dans la neige, genre en slip, et d'autres moines les recouvrent d'un drap mouillé glacé, et eux avec cette technique ils arrivent à faire sécher le linge ! C'est ma mère qui m'en a parlé, elle avait ce livre sur un yogi hyper fort qui faisait ça, pas du tout un Tibétain, il était français ou belge ou suisse. Ce type, il était hyper fragile à la base, il avait été malade toute sa jeunesse, et après, on le voit immergé dans la glace pendant une heure, et il sort nickel !

Quand j'ai vu Huysmans cligner des yeux, j'ai tout de suite compris. Il a rouvert sa porte et il m'a dit qu'il allait réfléchir. Il a noté mon numéro de téléphone et il a promis de m'appeler. J'étais fou de joie, je l'ai remercié cinquante fois, et après j'étais comme sur un nuage en sortant dans la rue. Les gars étaient un peu verts, mais je les ai rassurés en leur disant que ça nous concernait tous les quatre, ce dont j'étais sûr. On a enfourché nos vélos – Manu avait planqué le sien pas loin – et on est rentrés chez Brad en pédalant comme des dingues.

Une fois dans sa chambre, on s'est encore jetés sur Manu pour féliciter ce connard génial, et après il nous a raconté ce qu'il avait fait et comment il avait tout prévu, il avait même un inhalateur de Ventoline avec lui!

Brad a eu l'idée de télécharger des QCM sur Internet et de les imprimer pour qu'on s'entraîne. On voulait un truc bien pané, genre impossible, et on a dégotté un QCM de biochimie structurale, nickel, on comprenait même pas le titre. Il y avait cinq réponses possibles mais, à part ça, c'était exactement ce qu'on voulait, alors on a imprimé chacun un exemplaire et on a commencé à se concentrer en faisant comme Huysmans avait raconté. C'était des bonnes questions, du genre «L'électrophorèse sur gel de polyacrylamide A: est peu discriminative; B: fractionne les protéines en fonction de leur charge seulement; C: fractionne les protéines en fonction de leur masse moléculaire apparente seulement; D: fractionne les protéines en fonction de leur masse apparente et de leur charge; E: associée à l'utilisation du SDS, sépare les protéines en fonction de leur masse apparente seulement». Canon, hein? Et c'était tout comme ça, ça parlait de glycéraldéhyde, d'oses épimères ou d'énantiomères, d'acide hyaluronique, cent cinquante questions en tout.

On s'était dit, pour se mettre en condition, qu'il était vital qu'on réussisse ce test, pour qu'on puisse être élèves de Huysmans et tout. On était là, hyper concentrés, quand le père de Brad est venu nous faire un coucou. Il aime bien nous aider quand on fait nos devoirs, il est assez fortiche, genre ingénieur, super calé et tout, alors il a jeté un œil sur notre QCM, pour pouvoir étaler un peu sa science. La tronche quand il a commencé à lire les questions. On était morts de rire. Il a juste dit qu'on étudiait pas ces trucs-là au collège de son temps, que finalement le niveau baissait pas, bon travaillez bien, les gars, et là on n'avait pas eu droit à ses conseils avisés. On aurait voulu lui faire une blague, on aurait pas fait mieux.

Après, on s'y est remis, mais personne trouvait ça évident, et personne avait de oui ou de non qui surgissait dans sa tête. Après, on a vérifié nos résultats, et c'était pas brillant, typiquement le score qu'on obtient quand on répond au hasard, à mon avis: Brad, vingt-sept sur cent cinquante; Esteban, trente et un; Manu, quinze; moi j'avais mieux avec soixante-quatre, mais on était encore loin du compte – même si je dois avouer que je kiffais assez d'avoir largement plus que les autres!

7.

17 août. 5 heures du matin.

Deux heures et demie avant que mon réveil sonne. Je suis réveillé à fond. J'ai la dalle. J'ai bien dormi. J'ai assez envie de rester au lit, par paresse, par habitude, mais j'ai encore plus envie d'aller me recoller devant la pyramide, je crois que je commence à prendre le rythme. Il fait même pas encore jour. Ça me fait me sentir spécial. Supérieur.

Si j'avais à choisir entre les différents super-héros, déjà j'éliminerais Batman – désolé Christian ! – qui a pas de pouvoirs, juste des accessoires, et un cerveau bien dérangé. Pareil pour Iron Man, c'est juste un gars avec une armure – et un cœur artificiel assez cool, je dois dire. Superman, il a de chouettes pouvoirs, le vol, la vitesse, la force, l'invulnérabilité – sauf avec la kryptonite – mais le slibard sur les collants, la cape, et le fait qu'il soit extraterrestre, ça me gave. Non, moi je préfère un héros humain. Spiderman, j'aimais bien quand j'étais petit, mais cette histoire d'araignée, ça m'a toujours un peu dégoûté. Des toiles d'araignée qui sortent de vos poignets, beurk ! J'ai été fan de Johnny la Torche humaine dans *Les Quatre Fantastiques* ; de Thor – mais lui, c'est carrément un dieu ; de Hulk – c'était une réponse satisfaisante à mes frustrations, genre on te gronde, tu deviens géant et tout vert et tu pètes tout ; de Daredevil, qui m'a toujours semblé plus réaliste que les autres, parce que ses pouvoirs venaient de son infirmité – et d'un bidon de déchets radioactifs qu'il s'était pris sur la tronche. Et puis je suis passé aux X-Men, j'aimais bien cette idée de mutation génétique, et il y avait vraiment des personnages cool, Wolverine, Colossus, Diablo, Magneto. Et ils avaient tous des pouvoirs malgré eux, et ça, c'était fort, ça les rendait proches, on pouvait s'identifier à eux.

Bon, je vais pas passer la matinée à délirer dans mon pieu. Debout ! Thon, pomme, pyramide. C'est la grande forme !

Huysmans avait promis qu'il appellerait, mais il avait pas dit quand. En attendant, je surfais sur Internet pour trouver d'autres trucs sur la radiesthésie, et sur la parapsychologie en général. Les copains faisaient pareil, et on se retrouvait pour se raconter nos trouvailles. C'est à ce moment-là que j'ai pensé au truc de la pyramide. Il y avait pas mal de trucs effrayants, des histoires de fantômes, d'apparitions, qui nous foutaient les boules. Des fois, j'en dormais pas de la nuit. Je préférais carrément pas y penser, ou trouver des explications plus rationnelles.

Ça vous est jamais arrivé de vous réveiller au milieu de la nuit, et de voir quelqu'un dans la pénombre ? Ça fout les jetons à mort, alors on est obligé d'allumer la lumière, et quand on allume, bien sûr, il y a personne. Eh bien, ça s'explique. Rationnellement. Ça s'appelle la paréidolie. C'est un genre d'illusion provoquée par le cerveau. Je m'explique : dans notre cerveau on a des millions d'images stockées, c'est avec elles qu'on fait des rêves. Quand on regarde quelque chose sans comprendre ce que c'est, le cerveau essaye de trouver dans cette banque d'images quelque chose qui ressemble, et il remplace ce qu'on voit par cette image. Genre il voit une forme dans un papier peint, et ça ressemble à une personne, et hop ! on voit cette personne. Depuis que j'ai découvert ce truc, je panique plus du tout quand ça arrive. Une fois même, je me suis réveillé, et je vous jure, mes habits posés en vrac sur la chaise de ma chambre, ça faisait un gros chien horrible qui me regardait. Je me suis pas affolé, et alors j'ai vraiment distingué l'image en dessous, mais le chien était encore là, je pouvais switcher à volonté entre les deux : chien – habits – chien – habits, un truc de malade.

Huit heures. Ça fait deux heures que je me concentre sur la pyramide. Je me sens vraiment bien, hyper calme, détendu, je sens que je progresse. Il faut que j'arrive à un niveau de détachement assez élevé pour que je puisse faire tourner la pyramide sans faire exprès. Je me laisse traverser par les pensées.

On commençait à devenir des experts en parapsychologie. J'avais ramené un bouquin de yoga de ma mère qui parlait des chakras – comme dans mes mangas ! –, des espèces de points d'énergie dans le corps reliés entre eux, un peu comme pour l'acupuncture. Bien sûr, c'est pas prouvé scientifiquement, mais c'est la base depuis deux mille ans ou plus en Inde. Dans le même bouquin, ça causait aussi des pouvoirs des yogis, les *siddhi* qu'ils obtenaient – en gros – en activant les sept chakras principaux. C'étaient des trucs de fou, genre « accomplir toute chose », « devenir immense », « changer de forme », « se rendre présent en n'importe quel endroit », « supraperception ». Et ça venait pas d'un manga ou d'un *comics*, c'était dans des textes sacrés vieux de deux mille ans ! En plus, il y avait un commentaire dans le bouquin qui précisait que ces pouvoirs étaient dangereux, et en fait qu'il fallait pas chercher à s'en servir. Qu'ils venaient tout seuls quand on arrivait au plus haut niveau spirituel, et qu'on pouvait les voir, mais pas précisément, comme quand un truc est au bord de notre champ de vision, on le voit mais il reste un peu indistinct. C'était trop cool, on aurait cru que c'était un bouquin écrit par Yoda ! « Dangereux est le côté obscur de la Force, jeune Skywalker. »

Au bout d'une semaine, on a essayé d'appeler Huysmans. On voulait pas paraître lourds ou pressés, mais on voulait savoir s'il pensait nous contacter pendant les vacances, enfin qu'on sache à quoi s'en tenir, quoi, ça nous bouffait d'attendre comme ça. Ça répondait pas. On a essayé trois fois, pareil. On avait accumulé tellement d'infos qu'on était gavés, on en avait marre de la théorie, on voulait de l'action. On recommençait le QCM de biochimie bidule, mais ça marchait pas mieux. On faisait des tests de transmission de pensée, du genre « Devine quelle carte Pokémon j'ai dans la main », mais ça donnait rien.

Quand on était chez Brad, son père passait de temps en temps dans sa chambre pour voir ce qu'on bricolait, et on discutait un peu de tous ces trucs qu'on avait trouvés. Un jour, il nous avait amené un petit bouquin sur la mécanique quantique. En gros, c'est une science qui étudie le comportement de la matière, mais au niveau de l'atome, même plus petit et, en fait, ça se passe pas du tout comme dans la vie réelle. Genre avec la mécanique quantique on peut faire de la téléportation. Et il y a des gars qui étudient ça à la fac ! Ça causait aussi d'une expérience où un chat – ouais, un chat ! – est à la fois vivant et mort. Maboul ! Le bouquin expliquait qu'en fait personne comprenait rien, même si on arrivait à faire des expériences et à prévoir des résultats. Donc, les trucs inexpliqués, c'est pas parce qu'ils étaient inexpliqués qu'ils existaient pas ! Ça nous a bien fait kiffer un moment. Mais après, on s'ennuyait à nouveau comme des rats morts.

. 8

C'est un dimanche soir que Huysmans m'a appelé. Je revenais de la piscine avec les jumeaux et ma mère quand mon téléphone a sonné. J'ai filé m'enfermer dans ma chambre pour pouvoir lui répondre tranquillement.

– Allô ? Monsieur Huysmans ?

– Bonjour, Alan, j'espère que je ne te dérange pas.

Tu parles qu'il me dérangeait pas du tout. J'étais fou !

– Non, non, je suis content que vous appeliez. J'ai essayé de vous contacter la semaine dernière, mais vous étiez pas joignable.

– J'ai dû m'absenter quelques jours, en effet. Vous vouliez me parler, donc ?

– Non, en fait, on voulait juste savoir, avec les copains, si vous alliez nous rappeler pendant les vacances, ou après, enfin, c'est pas important.

– Bien, bien. Justement, j'ai besoin de vous voir, tous les quatre, en toute discrétion.

Sa voix était bizarre, comme s'il était inquiet de quelque chose. Je lui ai demandé :

– Il y a un problème ?

– Je vous expliquerai. Pouvez-vous me retrouver demain ? Le plus tôt sera le mieux.

– Oui, OK, bien sûr. Chez vous ? Vers quelle heure ?

– Non, surtout pas chez moi ! Retrouvez-moi vers huit heures au terminal du tramway de la ligne A, celui qui est près du stade. Surtout ne parlez de rien à personne, sauf, bien sûr, à vos amis. Mais dites-leur bien de rester discrets, c'est très important.

– OK, d'accord, demain au terminus du tram, c'est noté.

– Bien, je dois vous laisser. Je suis soulagé que vous puissiez venir. Je vous remercie. Quoi qu'il arrive, je vous remercie.

Et il avait raccroché.

J'ai tout de suite appelé les potes, et j'ai répété ce que m'avait dit Huysmans, et ils étaient aussi sidérés que moi. Il y a que Manu qui pensait que c'était peut-être une espèce de blague pour se venger et pour nous faire flipper un peu, mais franchement j'y croyais pas, ou alors Huysmans, c'était un acteur de folie.

Il est presque midi et j'ai même pas faim. À force de fixer la pyramide, elle devient comme transparente, elle se fond dans le décor, j'ai l'impression de regarder au travers. J'ai repensé au truc des pouvoirs du yoga, le coup du champ de vision. Alors j'essaye de regarder dans le vide, mais pas directement vers la pyramide, je tourne la tête pour qu'elle soit à la limite de mon champ de vision. J'ai l'impression que je pourrais la toucher avec une main invisible, sans bouger, ça me fait des frissons.

Ce truc d'obtenir un pouvoir à la condition de pas en vouloir, ça m'a fait penser au premier *Harry Potter*, quand Dumbledore cache la pierre philosophale avec un sortilège dans ce genre. *Harry Potter*, c'est pas mal aussi niveau pouvoirs, c'est des méga bouquins, je les ai lus dix fois, mais c'est vraiment fantaisiste, je veux dire, il y a vraiment rien de réaliste, enfin, à part les sentiments des personnages. Dans *Harry Potter*, soit tu es un sorcier et c'est la classe, soit tu es pas un sorcier et voilà, t'es pas intéressant, t'as pas de pouvoirs, tu peux pas apprendre ni rien. Pareil dans *Le Seigneur des anneaux*, faut être un magicien ou un elfe ou un descendant de Númenor, sinon pas de pouvoirs. Super super bouquin aussi, hein! Le truc dans *HP* ou *LotR* – *Lord of the Rings*, en version originale – c'est qu'il y a vraiment des bons méchants. Enfin, je veux dire des méchants vraiment méchants. Et ça me renvoie à mes questions. Qu'est-ce qu'un Super-Alan ferait dans le monde réel? Qu'est-ce que je ferais si j'avais des pouvoirs? Qu'est-ce que je ferai quand j'aurai des pouvoirs? Quel méchant suffisamment maléfique pourrait être mon ennemi?

Quand je suis arrivé à l'arrêt le plus proche de chez moi, Manu était déjà là. On est montés dans le tram sans trop rien dire, juste: «Salut, ça va?» On devait rester hyper discrets. Brad et Esteban sont montés à l'arrêt suivant, et ils ont pris les sièges juste devant les nôtres. Comme il y avait d'autres gens, on osait pas parler de Huysmans, alors on a causé des vacances, où partaient les uns et les autres – Esteban, en Espagne, comme d'hab ; Brad, au Maroc, dans un méga hôtel ; Manu, à la montagne, dans un coin qui s'appelle Meije. Quand j'ai dit qu'on allait en Bulgarie, ils m'ont charrié en disant que j'allais faire un stage de quidditch avec Viktor Krum. Après, on a discuté pour savoir si Durmstrang était en Bulgarie ou pas, parce que c'est pas vraiment dit dans *La Coupe de feu*, même si à un moment Karkaroff dit qu'il y a très peu de jour en hiver, et que ça veut dire que ce serait vachement plus au nord. Esteban me chambrait en disant que, de toute façon, ils accepteraient pas un Moldu dans mon genre, et enfin bref, on a quand même pas mal rigolé pendant les quarante minutes du trajet, sauf qu'entre les deux dernières stations on s'est arrêtés de parler. Avant de descendre, on a vu que Huysmans était au volant d'une voiture garée sur un emplacement derrière le terminus.

Ça y est, elle a bougé. Elle a bougé. Elle a pivoté d'au moins un quart de tour. J'étais là, tranquille, calme, concentré, et il y a eu un coup de sonnette et elle a bougé. Mortel ! Je le savais, je le savais, je le savais ! Waouh ! Purée ! Je l'ai fait bouger !

Encore un coup de sonnette.

Qui ça peut… Mamie, c'est ma grand-mère qui me paye une visite. Géniale mamie ! Je lui ouvre vite avant qu'elle se pose des questions, et je lui fais un gros bisou. Elle me prend la tête dans ses mains et elle me fait à son tour un bisou sur chaque joue.

– Bonjour, mon chaton, comment vas-tu ? Tu manges bien ?

– Rentre, mamie, je viens de me lever, c'est pour ça que les volets sont encore fermés, je dis en me précipitant pour les ouvrir.

– Tu viens de te lever, à midi ?

– Ouais, j'ai étudié tard cette nuit, alors…

Elle a pas l'air convaincue. Elle inspecte les lieux, mine de rien, le nez en avant, comme un chien policier qui essaye de trouver de la drogue.

– Tu n'as pas l'air de t'être fait beaucoup à manger. Du thon ? Je ne savais pas que tu aimais tellement le thon.

– C'est pratique. Et c'est équilibré. C'est du poisson.

– C'est mieux que des bonbons, ça c'est sûr ! Des pommes, c'est très bien, les pommes. Mais je t'ai apporté un petit quelque chose !

Et elle me sort de son panier deux gros Tupperware de bouffe. Dans le premier, il y a du goulasch, son fameux goulasch ultra épicé que j'adore, et dans le deuxième, un tiramisu géant.

– Oh ! Mamie !

Je la prends dans mes bras et je lui fais plein de bisous. C'est marrant, depuis cette année je suis plus grand qu'elle. Mais je reste son chaton. Un gros chaton, quoi.

Comme la théière est sortie, je lui propose une tasse de thé. Elle est impressionnée et accepte volontiers, alors on s'assoit dans la salle à manger pour papoter.

– Il est étrange ce thé, il est bon mais étrange.

– C'est un truc de maman.

– Ah, je comprends.

– Tu veux du sucre, du lait ?

– Non, non, merci, mon chaton, ça me va très bien

comme ça. Alors, tu ne t'ennuies pas trop tout seul, à réviser ?

– Ça va, tu sais, comme j'ai un programme bien chargé, je vois pas le temps passer, et la rentrée, c'est dans deux semaines.

– Déjà ? C'est fou comme le temps file.

– Et toi, tu vas bien ? Et grand-père ?

– Oh, tu sais, à notre âge, il y a toujours quelque chose de travers ! Il te passe le bonjour, mais il est un peu grognon ces temps-ci.

– Toujours son histoire d'œil ?

– Toujours ! Il ne peut pas lire, alors il s'embête et il est bougon.

– Quand doit avoir lieu l'opération ?

– Dans deux semaines. On passera te voir, puisqu'on sera à la nouvelle clinique.

– Non, vous embêtez pas, c'est moi qui passerai à la clinique. Il doit être content qu'on lui enlève ce truc.

– Il est content, mais il est inquiet. Alors, ça le rend irritable.

– Pauvre mamie !

– Ah ! Je te jure, des fois, je prendrais bien des vacances, moi aussi ! À propos, tu as des nouvelles de ta mère et des lapins ?

Moi, je suis un chaton, les jumeaux, c'est des lapins.

– Maman m'envoie un petit mail tous les soirs. Ça va bien, il fait super beau et il paraît que c'est un pays magnifique.

– Ça, c'est bien. C'est bien. Bon, je ne vais pas te déranger plus longtemps.

– Tu me déranges pas du tout, mamie.

– Tu es gentil, mon chaton ! Je vais y aller. Tu n'oublieras pas de mettre ce que je t'ai apporté au frigo.

– Si j'ai pas tout mangé avant !

En se levant, elle voit la pyramide en alu, et elle me regarde avec les sourcils levés. Je prends les devants :

– C'est pour une expérience de physique. Un des trucs que je dois réviser.

Elle me fait encore un bisou sur la joue, et je la raccompagne à la porte. Elle est chouette ma mamie.

Et surtout :

ÇA MARCHE !

Grâce à son coup de sonnette magique, j'ai enfin réussi !

Je suis tout fou ! J'ai envie d'appeler les copains. J'aimerais bien pouvoir appeler M. Huysmans.

Mais ça, c'est plus possible.

. 9

Dès que le tram est reparti, Huysmans nous a fait signe d'approcher, et on est montés dans sa caisse, une Jaguar XJ – c'est ce qui était marqué à l'arrière. J'avais jamais vu de bagnole comme ça, genre vieux mais classe, vert foncé, ça faisait vachement caisse de riche. À l'intérieur, pareil : sièges en cuir, tableau de bord en bois. Je suis monté devant et les autres à l'arrière. Huysmans avait l'air crevé, il regardait partout, comme s'il cherchait quelqu'un dehors.

– Vous n'avez pas remarqué si on vous suivait ?

Et puis il a répondu lui-même à sa question :

– Non, ça va. Merci d'être venus.

– De rien, c'est normal.

– Je vais trouver un endroit à l'écart. Attachez vos ceintures, s'il vous plaît.

Les ceintures de sécurité étaient bizarres, sans enrouleur, et il y en avait que deux à l'arrière, alors Manu s'est pas attaché. Huysmans a pris la direction de la mer, et on a roulé comme ça bien vingt minutes, sur des petites routes, jusqu'à une plage où j'étais jamais allé. Elle devait pas être connue, parce qu'il y avait personne, ce qui est plutôt inhabituel en été. Mais bon, il était encore hyper tôt, genre huit heures et demie. On s'est approchés de la mer à pied et, tout à coup, il s'est retourné vers nous, et il a commencé à nous parler :

– Je suis désolé de vous faire subir ce manège, mais je ne veux pas que vous soyez mis en danger par ma faute. Ici, nous sommes tranquilles.

Il a regardé vers la mer, et il a cligné des yeux.

– Oui, nous sommes tranquilles. Vous devez vous demander ce que signifient toutes ces précautions. Je vais faire court : vous souvenez-vous, lors de notre entretien chez moi, que j'avais évoqué, en réponse à une de vos questions, le fait que je ne pourrais pas utiliser mes dons à des fins, disons, lucratives – vous aviez fait allusion au Loto – à moins qu'une circonstance vitale ne m'y oblige ?

On s'en souvenait très bien.

– Je suis mis dans cette situation, il a continué. Des individus criminels veulent me forcer à travailler pour eux. Je préfère ne pas entrer dans les détails, car moins vous en saurez, et moins vous semblerez une menace à leurs yeux, si jamais par malheur ils vous découvraient. J'ai l'intention de refuser les offres de ces bandits, mais ils peuvent s'en prendre à une personne très importante pour moi. S'en prendre à sa vie !

Il nous a regardés en silence, et il nous a pris par les épaules, comme s'il voulait tous nous serrer dans ses bras. C'est clair qu'il avait de la peine. Il y avait des larmes dans ses yeux.

– Ma petite-fille…, et il a éclaté en sanglots.

Ça faisait mal au cœur. Je lui ai demandé :

– Vous avez été voir la police ?

Il a séché ses larmes avec son mouchoir, et il a secoué la tête.

– Si je faisais ça, j'ai peur des représailles. Non, vous seuls pouvez me délivrer de mon dilemme. Je vais me livrer à ces gens pour qu'ils ne touchent pas à ma petite-fille, mais je refuse de leur donner ce qu'ils veulent, c'est trop... monstrueux. Alors, je vais me débarrasser de ce don, une fois pour toutes.

– Mais, comment vous allez faire ça ?

– Je vais vous le donner.

On était estomaqués, abasourdis, médusés, ahuris, et tous les synonymes que vous voudrez et ça serait encore loin de ce qu'on ressentait. Brad a répété :

– Nous le donner ?

– Je ne vois pas d'autre solution.

– Et après, vous, vous l'aurez plus ?

– C'est ce que j'espère.

– Et comment vous allez faire ?

– Je ne sais pas.

Deux heures de l'après-midi. J'ai pigé le truc. Le coup de sonnette de mamie, c'était juste la petite diversion qui manquait pour que j'oublie de vouloir faire tourner la pyramide. C'est pas vraiment une question de champ de vision, ce qu'il faut, c'est se surprendre soi-même. Vouloir sans y tenir, ou plutôt réussir sans essayer. Comme par hasard. Je l'ai refait dix fois, c'est trop fort, ça déchire ! J'y arrive dans un sens et dans l'autre. Juste d'un quart de tour, mais je sens que ça s'amplifie. Je devrais m'arrêter avant que ça me vide complètement – parce que c'est vrai que ça fatigue –, mais je peux pas, c'est trop cool. Je me suis fixé de continuer encore une heure, et après j'irai prendre l'air, et ce soir je m'offrirai une grosse part de tiramisu pour fêter ça.

Demain, j'essaierai à nouveau le truc de Huysmans, et on verra bien.

On s'était assis en cercle sur la plage. Huysmans nous a expliqué qu'il avait été voir d'autres radiesthésistes quand il avait décidé de transmettre son don, parce qu'il savait pas comment faire, et que son don était d'aucune utilité pour découvrir la technique. C'était juste après qu'on s'était rencontrés grâce à l'arnaque de Manu. Il avait décidé de le transmettre à sa petite fille. Il avait appris que quand on fait ce genre de truc, c'est comme si on donnait un objet, ça se partage pas. Donc, après on l'a plus. Au début, les autres radiesthésistes voulaient pas dire comment ça c'était passé pour eux, la transmission, mais à force d'insister, il y en avait un qui avait révélé le secret. Et le secret, c'est qu'il n'y avait pas de secret ! Il fallait juste que celui qui transmettait le don le dise, et que celui qui le recevait le veuille et l'accepte. C'était comme ça que ça marchait. C'était un genre de rituel symbolique. C'est pour ça qu'il avait besoin de nous : il fallait quelqu'un de préparé à accepter le don, quelqu'un de motivé, et il pouvait pas prendre le risque d'essayer avec n'importe qui. Et puis, surtout, les bandits nous connaissaient pas, et ils pourraient pas essayer de nous faire travailler pour eux. Il y avait juste un problème : nous étions quatre.

– Je me suis dit que j'avais quatre fois plus de chances que ça fonctionne, tout simplement. Est-ce que vous vous sentez prêts ?

On a fait oui de la tête.

– Alors, je vous donne mon don.

. 10

18 août. 7 heures 30.

J'ai rêvé que je me battais cette nuit.

Sur un ring, habillé en boxeur, avec le grand short ridicule et les espèces de baskets montantes. Doré, le short, trop la classe ! Donc, j'étais là, torse nu – mais vachement plus musclé qu'en vrai –, avec mon short disco pourri, et en face de moi, il y avait ce type qui se fait appeler Bug, un gros connard aux cheveux roux, qui avait redoublé genre dix fois et qui faisait chier les petits. Personne osait rien dire tellement il nous faisait peur et puis, un jour, il s'est fait virer et on l'a plus revu. Dans mon rêve, il portait des fringues normales, et soudain, on était plus sur le ring mais dans la cour du collège, il m'avait bloqué dans un coin, hors de vue des profs, et les gars de sa bande de gros tarés faisaient un cercle autour de nous. Moi aussi je portais mes fringues habituelles, et j'étais redevenu normal, c'est-à-dire pas très musclé. Le gars avançait vers moi et tout à coup, il m'envoyait une droite en plein dans la figure, et je me retrouvais par terre avec le nez qui pissait le sang.

Et lui, il rigolait comme un débile et ses potes aussi et il me relevait par le col de mon sweat en disant : « Tu vois ce qui se passe quand je suis obligé de me fâcher ? » Il me laissait retomber par terre, et il avançait et je me rendais compte qu'il s'en prenait à une fille de ma classe, une fille blonde, toute petite avec des lunettes. Il commençait à lui déchirer son T-shirt, et elle hurlait, et lui, il rigolait en disant : « Tu vas voir ! » Et là, j'étais ultra énervé et enragé et j'étais comme Bruce Banner dans *Hulk* quand on le fait chier et alors je tendais mon bras vers lui et *BAM* ! C'était comme s'il s'était pris un camion dans le dos et il s'écrasait contre le mur. Alors je me relevais et j'allais aider la fille et je sentais que tout le monde me regardait avec terreur et respect et je prenais la fille dans mes bras et… Bon, la suite, c'est clichés et clichés, je vous laisse imaginer. C'était un bon rêve au final.

J'ai dormi comme un bébé. Faut croire que ça pompe vraiment plein d'énergie, ce truc avec la pyramide. Et aussi, j'avais l'estomac bien plein de tiramisu, ça aide. C'est tellement bon, je vais m'en faire une petite coupe pour le petit déj.

Les gars qui donnent des conseils sur Internet, ils disent qu'on doit d'abord bien maîtriser la pyramide avant d'attaquer des objets plus lourds, genre stylo ou balle de ping-pong. Je voulais aussi essayer le truc de Huysmans, mais j'ai réfléchi, et je crois qu'il vaut mieux que j'éparpille pas mon énergie.

On s'attendait à ressentir quelque chose, une vague d'énergie, ou un truc comme ça, mais on ressentait rien.

– Ça a marché ? j'ai demandé.

Huysmans a regardé dans le vide comme il faisait souvent, pendant dix ou quinze secondes, et puis il a dit :

– Je ne sais pas ! et il nous a regardés en souriant. Je ne sais plus rien ! Ça veut dire que ça a marché ! Je ne sais plus ! Je n'ai plus le don ! Je vous l'ai donné !

On s'est regardés avec les copains. Moi, je me sentais pas du tout différent. J'ai essayé de me poser la question dans ma tête. « Ça a marché ? » Pas de réponse. Les autres faisaient pareil, je pense. C'est Manu qui en a parlé le premier :

– Monsieur, je ressens rien. Je pose des questions, mais j'ai pas de réponses. Que dalle ! C'est normal ?

– Je ne sais pas. L'important pour moi est que j'en sois débarrassé. Je ne sais pas si le don est passé à tous les quatre ou à un seul. Il a peut-être été divisé par quatre. Mais en tout cas je ne l'ai plus. Il a peut-être simplement disparu.

Avant qu'on ajoute quoi que ce soit, il s'est remis sur ses pieds et il nous a aidés à nous remettre debout aussi.

– Je ne dois pas perdre de temps. Je vous remercie infiniment de votre aide, mais maintenant, je dois vous ramener en ville.

Et il est parti à grandes enjambées vers la voiture. On aurait dit qu'il avait vingt ans de moins, on avait du mal à le suivre.

Pendant le retour, on l'a bombardé de questions, mais on a rien appris de plus, juste qu'il fallait attendre un moment où on serait vraiment hyper stressés pour essayer de faire fonctionner le don, et qu'ensuite ça se passerait comme pour lui, avec du travail, de la concentration, tout ça. Si on avait reçu le don, bien sûr. Il a insisté sur le fait qu'on devait jamais essayer de l'appeler ou de le revoir ou d'aller chez lui, que c'était crucial. Il nous contacterait quand il serait sûr et certain qu'il y aurait plus aucun danger. Quand on est arrivés au terminal du tram, il s'est garé exactement au même emplacement que le matin.

– J'espère que je vous reverrai bientôt. Merci mille fois encore, mes amis. Au revoir.

On a dit au revoir aussi et on est sortis de la Jaguar. Avant de partir, il a descendu sa vitre, comme s'il voulait nous dire une dernière chose, mais il nous a juste fait un petit signe de la main, un signe d'adieu.

J'ai jamais embrassé de fille en dehors de mes rêves. C'est pas que je sois pas intéressé, mais avec les copains, on sait que si un d'entre nous commence à aller avec une fille, ça compliquera tout. Je vois bien des fois que certaines filles du collège me regardent avec un drôle d'air, ou qu'elles me disent bonjour d'une drôle de façon, avec un regard hyper intense. Les copains se fichent de moi, mais je pense qu'ils voudraient bien qu'on leur fasse pareil.

J'arrive à faire tourner la pyramide. Un tour complet, direct ! Je fais rien de plus qu'hier, mais ça marche mieux. Un tour dans un sens, un tour dans l'autre. J'arrive pas à croire que c'est moi qui fais ça. Je suis tenté d'essayer avec un objet plus lourd, genre de faire rouler une cartouche d'encre ou une balle de ping-pong sur la table, mais je sais qu'il faut faire attention à pas aller trop vite, parce qu'on peut se bloquer. Il y a un autre exercice qu'on peut faire avec la pyramide : il faut souffler dessus et l'empêcher de tourner. Je vais voir ce que ça donne.

On a repris le tram dans l'autre sens et on est allés chez Brad. On avait décidé de tout de suite refaire le QCM pour vérifier si les résultats étaient meilleurs. C'était un peu mieux, mais quand même pas très convaincant, genre on avait entre trente et cinquante, même pas la moyenne, et en plus il y avait des réponses dont on se souvenait, donc on avait besoin de trouver un autre QCM. Je sentais Brad et Esteban bien démoralisés, autant par la sale histoire qui était arrivée à Huysmans que par le don qui fonctionnait pas. On aurait bien voulu faire quelque chose pour l'aider, mais comme il nous avait demandé de rien faire, on était coincés. Brad a trouvé un QCM de physiologie, « Organisation des appareils et systèmes : bases physiques des méthodes d'exploration », avec des questions bien incompréhensibles comme il fallait, mais je savais bien que ça servait à rien.

– Si ça doit marcher comme pour Huysmans, il faut qu'on stresse à mort, il faut que ce soit d'une importance vitale, et là, c'est pas la peine de se la raconter, c'est pas vital.

– Alors qu'est-ce qu'on fait ? On laisse tomber ? a lâché Manu.

– On a qu'à attendre la rentrée. Au premier QCM, on révise surtout pas, et on verra bien ce que ça donne.

– Ouais, mais on peut pas se forcer à paniquer, ça marchera jamais.

– Qu'est-ce que tu proposes, alors? Tu vas nous refaire un plan disparition?

– On pourrait essayer un truc comme ça. Pas la même chose, parce qu'on saurait que c'est une arnaque, mais il faudrait qu'on réussisse à se foutre les boules sans que ça ait l'air d'être un coup monté.

– Mais on pensera toujours que c'est un coup monté, maintenant! a fait Brad.

– Ouais, ça m'a l'air mort comme plan, on va toujours se méfier, j'ai ajouté.

– On pourrait aller voir les flics, et leur proposer de les aider, comme ça, on aurait des vrais cas d'urgence, a proposé Esteban.

– C'est idiot, ils voudront jamais nous croire!

– Ça me prend la tête, cette histoire, grave!

– Ouais, je crois qu'il vaut mieux qu'on laisse tomber pour l'instant. Enfin, en tout cas ce truc de radiesthésie.

– Tu veux faire quoi, alors?

– Je sais pas. Mais je veux pas lâcher l'affaire, au niveau de tous les autres trucs, genre télépathie, psychokinésie, lévitation, les trucs de yoga de ma mère.

– Wouah! Tu vas faire du yoga?

– Je sais pas, peut-être. Ou bien je vais essayer les exercices de télékinésie, y a plein de sites qui expliquent comment faire.

– Le truc de la pyramide, là? Ça a l'air craignos!

– Ça coûte rien d'essayer et, de toute façon, franchement, j'ai vraiment rien envie de faire d'autre.

J'ai passé la journée à jouer avec ma pyramide, à la faire tourner, à l'empêcher de tourner. J'ai même réussi en regardant juste son ombre sur le mur. J'ai braqué une lampe dessus en éteignant toutes les autres lumières, et ça a marché direct! Après, j'ai installé la vieille caméra vidéo à cassette de ma mère – le Caméscope HD, il est en Bulgarie – et j'ai filmé la pyramide pendant que je la faisais tourner sans la regarder. Sans la regarder! Par contre, il faut que je sois pas trop loin pour que ça fonctionne, j'ai essayé depuis ma chambre, et ça a fait que dalle. Je vais essayer de m'éloigner plus progressivement.

Et ce soir: goulasch! Merci, mamie!

Il y a ce gars, James Randi, c'est un magicien américain, enfin, un prestidigitateur, un gars qui fait des spectacles genre avec des colombes, le lapin qui sort du chapeau, la gonzesse dans la boîte coupée en deux, ces trucs-là. Ce James Randi, il croit pas du tout aux pouvoirs de l'esprit, il pense que c'est que des tours de passe-passe, comme ses tours de magie à lui. Il se balade avec un chèque d'un million de dollars, et il a promis de le donner à la première personne qui lui prouverait qu'il a tort. Il passe dans plein d'émissions à la télé – on peut voir des extraits sur YouTube – où il est invité avec des gars qui ont des pouvoirs psychiques. Lui, il les regarde faire leur truc, et il explique comment ils font. En général, les gars disent que c'est pas truqué, alors Randi leur propose de recommencer, mais en changeant un petit détail, et en général ça marche plus. Il y a une vidéo à mourir de rire, c'est dans une émission japonaise: il y a ce type qui prétend être magnétique, on lui pose un fer à repasser sur le bide, et le fer il tient! Et après, pareil avec une espèce de planche en métal. Il y a des témoins choisis dans le public qui viennent vérifier qu'il y a pas de trucage, et tout. Alors le présentateur fait entrer Randi sur le plateau, avec son chèque d'un million de dollars – je sais pas combien ça fait en yens – et il sort un poudrier, genre un truc de maquillage, et il met de la poudre sur le bide du type. Et après, y a plus rien qui tient ! C'était un genre de colle ou de résine. Et Randi remet son chèque dans sa poche. Il a démonté des gars hyper célèbres, comme ce gars qui tordait des petites cuillères, ou un genre de curé qui disait qu'il guérissait les gens en direct. J'aimerais bien qu'il rencontre Huysmans, un jour, il serait vert ! Mais je crois que ça intéresserait pas trop Huysmans. En fait les gars qui ont vraiment des pouvoirs, ils vont pas à la télé, et même, ils préfèrent que le moins de monde possible le sache.

. 11

19 août.

Ce matin, je passe à des objets plus lourds. Si ça foire, j'insisterai pas trop et je reprendrai la pyramide. J'ai posé une balle de ping-pong orange sur la table, une cartouche d'encre vide et un stylo Bic. Le plus facile, c'est la cartouche, normalement. Il suffit de la faire rouler, ou bien de souffler dessus et de l'empêcher de rouler. Je finis le tiramisu directement dans le Tupperware, assis devant la table, en regardant la cartouche et, à un moment, je fais un petit geste avec ma petite cuillère et la cartouche, elle roule direct jusqu'au bord de la table et elle tombe. Direct, sans concentration, sans rien penser ! Je regarde la balle, petite cuillère, *boum*, elle dégage ! Le Bic, pareil, mais juste quand il va tomber, petite cuillère, il s'arrête. Mais il s'arrête *APRÈS* le bord ! Il reste collé sur la tranche de la table ! Ça me surprend tellement que je me relâche, et le Bic tombe par terre à côté de la cartouche. Mais pendant une seconde, je l'ai maintenu en l'air ! Pas croyable ! Puissante est la Force dans ma famille !

Brad et Esteban étaient pas très motivés par l'idée des exercices de télékinésie, pour eux, c'était comme des devoirs. En plus, il fallait être tranquille et tout seul, et ils partaient trois jours après en vacances avec leur famille. Du coup, comme moi je devais partir en Bulgarie à leur retour, on se reverrait pas avant la rentrée et c'était trop nul de pas passer ces trois derniers jours ensemble. Donc, c'est ce qu'on a fait. On a laissé de côté ces histoires de pouvoirs et on a repris le programme habituel de l'été : jeux vidéo, piscine, jeux vidéo, vélo, jeux vidéo, skate, jeux vidéo, basket, jeux vidéo et jeux vidéo. C'était chouette, et c'était cool de plus gamberger. Mais à ce moment-là, j'avais déjà mon plan pour la fin du mois d'août.

Une étude de Scientists of America qu'un petit malin a reprise sur le blog du collège a prouvé que les adolescents qui ont pas de console de jeux ont quatre fois plus de risques de redoubler au cours de leur scolarité. D'abord, ça stimule l'intelligence, la mémoire, des trucs intéressants pour l'école, des zones du cerveau qui s'appellent l'hippocampe et le para-hippocampe – on a un hippocampe dans le cerveau, les gars ! – et ces zones gèrent plein de facultés. Et aussi, ça habitue à rester sans bouger pendant des heures sans se lasser, comme à l'école. C'est logique quand on y pense. Bon, il y a de mauvais côtés, mais c'est quand on abuse trop, genre dans les jeux en ligne, style WoW, ou les univers virtuels, Second Life, Minecraft, des trucs addictifs, infinis, on peut y jouer jour et nuit, alors là, ça craint vraiment, on a plus de vie et on devient maboul.

On s'est retrouvés seuls avec Manu, quand Brad et Esteban sont partis en vacances, et comme son beau-père avait insisté pour l'inscrire à un stage de voile et qu'il restait des places je suis allé avec lui. Ma mère était ravie ! Manque de bol, il y avait eu un vent de folie pendant toute la semaine du stage, et c'était trop dangereux de sortir les Hobie. Du coup, les moniteurs ont été chercher les vieux *speed sails*, c'est des espèces de planches à voile avec des roues, c'était d'enfer. Comme on gère pas mal en skate avec Manu, on s'est éclatés. Et, le reste du temps, on jouait au baby-foot dans le local du club de voile. Méga stage, même si on a pas fait une minute de catamaran.

Après, j'ai passé une semaine chez les grands-parents, comme tous les étés, avec mes frangins. J'aurais voulu discuter avec le voisin, mais il était pas là. Quand je suis revenu, Manu était parti en vacances à son tour.

J'ai laissé de côté le stylo et la cartouche vide, et je joue plus qu'avec la balle de ping-pong. C'est plus réactif, ça répond mieux. Je la fais rouler jusqu'au bord de la table et j'essaye de stopper sa chute. Enfin, je dis j'essaye, mais je réussis grave. Elle reste bloquée en l'air de plus en plus longtemps avant de tomber. Je sens que je vais bientôt réussir à la faire remonter. Je fais des pauses assez longues, parce que ce truc, c'est vraiment épuisant, rien à voir avec la pyramide. Il faut déployer une énergie dingue, je commence à mieux comprendre ce que disait le voisin de mes grands-parents, celui qui barre les brûlures.

Je me suis retrouvé tout seul, mais pas très longtemps : c'était le moment des vacances avec mon père. Comme tous les étés je suis parti le rejoindre en avion, accompagné des jumeaux – après tout, c'est ses gosses aussi, même s'ils avaient pas un an quand mes parents ont divorcé. Ma mère nous a accompagnés à l'aéroport, bien sûr, et elle en menait pas large quand elle nous a confiés à l'hôtesse. Je crois bien qu'elle s'habituera jamais. Nous aussi, on avait le cœur serré et on a pleuré un peu à ce moment-là, mais c'était plus à cause de son chagrin qu'autre chose : les vacances avec mon père, c'est toujours l'éclate totale. Il veut se rattraper pour tout le reste de l'année, alors il nous emmène voir des coins hallucinants, genre les pyramides d'Égypte, la muraille de Chine, la Grande Barrière de corail, l'île de Pâques… que des endroits pour frimer à la rentrée.

Cette année, c'était Angkor, un temple bouddhiste au Cambodge, un truc incroyable. Immense. En plus, mon père il aime pas les hôtels luxueux avec buffet et piscine et larbins à tous les coins de couloir, alors il s'était arrangé pour louer chez des gens dans un village flottant sur un immense lac. Il trouve toujours des plans comme ça, je sais pas comment il fait. Il y avait sa nouvelle femme avec nous, et je dois admettre qu'elle est vraiment sympa. Elle fait du yoga aussi, comme ma mère, et je lui ai demandé si elle connaissait les *siddhi*, mais apparemment, elle est pas très calée, elle fait plus ça comme un sport. Elle s'occupait bien des jumeaux, elle leur faisait des câlins et tout, elle leur lisait des histoires, mais d'une façon vachement bien, on voyait qu'elle voulait pas remplacer ma mère, c'est juste qu'elle était super gentille.

Avec mon père, le soir, on se posait sur l'espèce de terrasse devant la maison, au bord de l'eau, et il me posait des questions sur ma vie. Il me demandait si j'avais une copine, si je fumais, si je savais ce que je voulais faire comme études, et quoi que je réponde il avait toujours plein de conseils à me donner, des trucs essentiels, des leçons sur la vie, comme d'habitude. Il voulait toujours se rattraper, quoi. Il me disait qu'il fallait pas que je boive de l'alcool avant d'avoir dix-sept ans, et pareil pour la cigarette ou pour n'importe quelle drogue que j'aurais pu vouloir prendre, il fallait pas avant dix-sept ans, parce que le corps était pas fini et que ça pouvait entraîner tout un tas de problèmes de santé, et même là, il fallait toujours y aller hyper doucement. Pas d'excès. Il pouvait causer, il me racontait tous ces trucs en sirotant de l'alcool de riz gluant et en fumant des clopes ! Enfin, je savais bien qu'il disait ça pour me protéger, et que c'était des trucs assez vrais.

L'année où je suis entré au collège, j'étais pas mal fasciné par les gars que je voyais fumer en cachette dans les toilettes pendant les récrés. Ça leur donnait un côté rebelle, je trouvais. Un jour, j'en ai parlé à ma mère, et elle m'a demandé si je voulais essayer, direct ! Elle a toujours un paquet de cigarettes dans son sac à main, genre au menthol, mais je l'ai quasiment jamais vue fumer. Moi j'ai dit oui, alors elle m'a donné une clope, et son briquet, et j'ai allumé ma clope, hyper fier. Beuuuark ! C'était dégueulasse, ça m'a arraché la gorge, j'ai toussé comme un malade, je vous jure, j'ai pas essayé de tirer une deuxième taffe ! Ma mère, elle m'a tendu un cendrier pour que j'éteigne la clope. Elle a rien dit, elle s'est pas moquée de moi, et elle s'est replongée dans son bouquin. Du coup, ça m'a jamais tenté d'essayer à nouveau. Elle est trop forte, ma mère.

Trois heures de l'après-midi. Je sors me changer les idées à vélo. J'arrive toujours pas à faire remonter la balle de ping-pong, mais je bloque bien la chute. Je peux la faire tenir en l'air autant que je veux. Je devrais être tout fou, excité à mort, mais je me sens calme, serein. Je pense à rien, mais je me sens vachement en connexion avec le monde, comme si je voyais tout plus clairement, comme si j'avais jamais vraiment regardé, comme si j'avais toujours eu des lunettes de soleil et que je venais de les enlever.

J'évite d'aller vers chez Brad ou chez Esteban, pour pas me faire repérer, mais je passe devant la maison de Manu, tous les volets sont fermés, ça me fait penser à Huysmans, et je me sens triste et impuissant, mais je résiste à l'envie d'aller faire un tour rue du Dragon.

. 12

20 août. Matin.

Travail sur la balle de ping-pong. Nouvelle approche. Je fais tomber la balle, elle rebondit, et là je la pousse vers le haut. Les premières fois, j'ai juste réussi à la faire partir sur le côté, mais en m'appliquant, elle a commencé à rebondir de plus en plus haut, comme s'il y avait un jet d'air par-dessous. J'ai complètement laissé tomber le régime thon-pomme, j'ai trop faim, je sens qu'il faut que je refasse mon stock d'énergie. Hier soir, en revenant de mon tour à vélo, je me sentais quand même un peu nul d'éviter Brad et Esteban, et je me suis dit que de toute façon il faudrait bien que je teste mes capacités de TK devant quelqu'un. Si ça se trouve, il y aura des interférences ou je sais pas quoi, des trucs qui feront que ça marchera plus. Après, j'arrêtais plus de penser qu'à ça, et j'ai décidé d'aller les voir cet après-midi.

Un de ces soirs où on causait au bord de l'eau avec mon père, et qu'il me demandait si je faisais encore de la guitare, ce que je lisais, ce que j'avais vu comme films, tout ça, j'avais fini par lui dire qu'il y avait qu'un truc qui me branchait, c'était ces histoires de pouvoirs psychiques, de radiesthésie, de psychokinésie, etc. Ça le branchait pas mal aussi, et il m'a raconté un truc qui lui était arrivé quand il avait genre douze ans, un truc assez dingue.

– Quand j'étais gamin, j'étais souvent avec mon oncle Maurice, tu l'as pas connu, il est mort avant ta naissance. J'allais manger chez lui le mercredi, après l'école.

Un de ces mercredis, j'avais douze ans, je remarque en entrant qu'un tableau dans l'entrée a disparu. Mon oncle collectionnait les tableaux, il y en avait plein son appartement. Après manger, on était dans le salon en train de digérer et je vois le tableau posé contre un mur. Je demande à mon oncle pourquoi le tableau est décroché. Il me répond que ce tableau n'était pas à lui, on lui avait prêté, mais le propriétaire avait décidé de le vendre. Je lui demande combien ça coûte, et il me dit: «Devine!» Je regarde le tableau, et là, je te jure que c'est vrai, je vois une étiquette à côté du tableau, et dessus il y a un nombre: 1,7 et des zéros derrière. Tu imagines, l'effet que ça fait! Une seconde plus tard, je ne vois plus d'étiquette mais je réponds quand même: un virgule sept millions. Il me regarde en souriant et il me dit: «Exactement! Comment as-tu deviné?» Je lui explique que j'ai eu cette vision, en m'attendant à ce qu'il se fiche de moi, mais pas du tout, il a même l'air content de lui. «Ça s'appelle de la télépathie! qu'il me dit. C'est ton esprit qui a cherché la réponse, et qui l'a trouvée dans le mien. Bien sûr, je l'avais en tête puisque nous parlions de ça. Pour que cela fonctionne, il faut un bon émetteur, c'est moi, et un bon récepteur. Apparemment, tu l'es. »

Ma balle remonte à un mètre cinquante ! J'ai remarqué qu'en faisant le geste de la pousser vers le haut, ça aide, et que si je fais un petit mouvement rapide, comme si je faisais un revers avec une raquette de ping-pong, elle réagit comme si je la frappais. Mais ça marche pas de haut en bas, juste à l'horizontale. Et j'arrive pas du tout à la faire décoller si elle est posée par terre ou sur la table, il faut une impulsion. C'est dans ma tête, à mon avis. Il faut que j'y croie plus pour que la balle décolle. La gravité, c'est dans ma tête. Il faut que j'arrête d'y penser.

Quand mes parents ont divorcé, mon père avait laissé une grande partie de sa collection de DVD dans des cartons. En fait, c'était tous les films qui pouvaient m'intéresser, selon lui. Il avait collé des petites gommettes dessus, de couleurs différentes, et chaque couleur correspondait à l'âge à partir duquel je pouvais les regarder selon lui. Il y avait des centaines de films, pas mal de vieilleries, des trucs de cape et d'épée, des westerns moisis, mais un jour je suis tombé sur un coffret d'une vieille série des années soixante-dix, un truc qui s'appelle *Kung-Fu,* gommette violette, onze ans, et là j'ai été scotché. C'est avec cet acteur qui joue Bill dans *Kill Bill,* David Carradine, c'est son premier rôle je crois. Il joue un moine shaolin, Kwai Chang Caine, qui doit s'enfuir de Chine et qui se réfugie en Amérique et il se retrouve au milieu des cow-boys – ça se passe du temps du western, avec des chevaux, des Indiens, des shérifs. Évidemment, comme il est à moitié chinois, les gens se méfient de lui – ils ont jamais vu de Chinois – et souvent il se fait mettre en prison direct, ou bien taper dessus. Et c'est là que c'est hyper fort : ce gars, c'est un maître des arts martiaux, il pourrait éclater n'importe qui en deux secondes, mais il refuse de se battre ! Il se laisse faire parce qu'il est contre la violence. Au Far West !

Dans chaque épisode, il se pose des questions, genre pourquoi les gens sont racistes, ou violents, des trucs comme ça, alors il se souvient de son enfance au temple de Shaolin. Il y a un *flash-back*, on voit Caine enfant qui s'entraîne aux arts martiaux, c'est là qu'on se rend compte qu'il est hyper balèze, et surtout on le voit avec son vieux maître Po, qui est aveugle – il a les yeux tout blancs, on dirait un husky – et qui rigole tout le temps. Le jeune Caine vient lui demander un conseil, ou lui raconter un truc qui lui est arrivé, et le maître lui explique et il lui fait comprendre des tas de trucs hyper sages. Quand le *flash-back* s'arrête, Caine a trouvé dans la leçon de son maître la réponse à ses questions. En général, ça se finit quand même par des coups de tatane dans la tronche des méchants, mais c'est pour défendre un gamin ou une gonzesse en détresse. Je raconte tout ça, c'est pour en venir à un épisode en particulier qui m'a vachement marqué. Le jeune Caine devait passer par-dessus un chaudron d'huile bouillante en marchant sur une poutre toute fine, et il avait trop les jetons. Alors, maître Po le faisait marcher sur la même poutre, mais posée par terre, et Caine comprenait que c'était sa peur qui l'empêchait de réussir. Ça a l'air évident, c'est un gros cliché, OK, mais n'empêche que ça a changé pas mal de choses dans ma tête à ce moment-là.

J'hallucinais : mon père, télépathe ! Il s'est versé une rasade d'alcool de riz et il a continué son histoire :

– Mon oncle est mort de rire et moi je suis pétrifié. Il m'explique qu'il tient ça de son père à lui. Quand il était petit, et que ses parents recevaient des amis pour dîner, à un moment sa mère sortait de la pièce, et son père demandait à quelqu'un de parler d'un sujet, n'importe lequel. Quand sa mère rentrait dans le salon, elle pouvait deviner exactement de quoi ils avaient parlé ! Son père s'en servait aussi pour faire des affaires, il arrivait à influencer les gens dans les négociations, il obtenait des prêts bancaires incroyables. Quand il avait acheté l'appartement, il avait même réussi à faire baisser le prix chez le notaire ! Et bien sûr, avec Maurice aussi il faisait le coup. C'était impossible de le battre aux cartes ! À force, Maurice avait compris le truc, et il l'utilisait aussi. Je lui demande s'il peut lire dans l'esprit des gens, et il m'explique que c'est plus difficile dans ce sens-là, mais qu'il y arrive si la personne émet assez fort, et qu'elle ne pense pas à trente-six choses en même temps, mais que c'est plus facile d'influencer quelqu'un. Il me propose d'essayer, vu que je suis visiblement doué. « Demande-moi ce que nous allons faire cet après-midi. Et en même temps, concentre-toi sur ce que tu voudrais faire. Vas-y ! » Je fais ce qu'il dit, et il répond tout de suite : « Nous allons au cinéma ! » C'était bien ce que j'avais pensé ! Il continue : « Demande-moi quel film je voudrais voir. » Je lui demande, et je pense à un film que j'avais envie de voir, et qui venait de sortir, *Les Aventuriers de l'Arche perdue*. Il est dans les DVD que je t'ai laissés.

– Ouais, je les ai tous vus, les Indiana Jones, ils sont hyper bien, sauf le quatre avec les extraterrestres, celui-là, il est tout pourri.

– Je suis bien d'accord. Enfin, bon, donc je pense aux *Aventuriers de l'Arche perdue*, et il faut savoir que mon oncle n'est pas amateur de cinéma, il n'y connaît rien.

– Et il a trouvé ?

– Il a trouvé le mot « aventuriers » et il m'a décrit l'affiche !

– La vache ! Tu devais plus te sentir !

– Tu l'as dit ! C'est à cette période que j'ai commencé à m'intéresser aux pouvoirs de l'esprit.

– Toi aussi ! Mais t'en as jamais parlé !

– Quand j'ai rencontré ta mère, ça faisait longtemps que ça m'était passé, et j'avais balancé tous mes bouquins.

– Pourquoi t'as fait ça ? Ça marchait plus ?

– Si, ça marchait, et j'y arrivais de mieux en mieux.

– Alors ?

– Dans les livres que je lisais sur la télépathie, la divination, le surnaturel, il y avait des choses que je n'aimais pas trop. Les histoires de médiums, d'apparitions, tu sais quand on parle aux morts. Ça va te sembler stupide, mais ça me faisait flipper. Alors je suis passé à autre chose.

– Et tu l'as plus jamais fait, le truc de la télépathie ?

– Non. Enfin, si, juste une fois, mais c'était involontaire.

– C'était quand ?

– La première fois que j'ai demandé à ta mère si elle voulait sortir avec moi.

– Trop de la triche ! T'as dragué maman par télépathie !

– Tu verras, quand il y aura une fille qui te plaira, et que tu lui demanderas si elle veut bien être ta copine, s'il n'y a pas une voix dans ta tête qui fait : « Dis oui ! Dis oui ! Dis oui ! »

– Et elle a dit oui ! Enfin, si ça se trouve, elle en avait vraiment envie.

– C'est ce que je me dis. Bon, il est l'heure d'aller au lit, on a un programme chargé demain.

. 13

L'histoire de mon père n'arrêtait pas de me trotter dans la tête. Surtout, je me disais que s'il avait des prédispositions, si ça se trouvait, moi aussi. Discrètement, j'essayais avec les jumeaux, quand on était seuls, je leur demandais de penser très fort à un truc, genre ce qu'ils avaient envie de manger au goûter. Une fois, j'avais eu une espèce de vision de cornet de glace, et ils avaient bien pensé à une glace. Un soir, vers la fin de notre séjour, j'ai demandé à mon père s'il voulait bien essayer son truc de télépathie avec moi. Il m'a fait une leçon façon maître Po, sur le fait que finalement c'était pas une bonne idée de connaître les pensées des autres, ou d'essayer de les influencer, tout un baratin philosophique plein de sagesse, et donc il a pas voulu. Le lendemain, on a pris l'avion et on est rentrés.

Deux heures de l'aprèm.

Juste avant de partir vers chez Brad et Esteban, je me concentre une dernière fois, ça serait quand même super cool de faire décoller cette balle pour leur montrer, ils seraient verts. En même temps, après une matinée à faire que ça, ça commence à me gaver, et je lâche l'affaire rageusement, je me lève pour partir et *SCROUTCH* ! elle s'écrabouille toute seule sous mes yeux ! Comme si j'avais marché dessus ! Trop fort ! Je la ramasse, et je l'inspecte, elle est bien écrasée, mais en fait c'est pas vraiment comme si on l'avait piétinée, plutôt comme si on avait tiré la surface vers le centre, elle est pas aplatie, elle ressemble plutôt à un gros raisin sec orange. Je la fourre dans ma poche et je sors, tout content, pour retrouver les potes.

Les trucs dont m'a parlé mon père, les fantômes et tout ça, j'y crois carrément pas. Je sais, il y a plein de témoignages de gens qui disent qu'ils en ont vu, je dis pas que c'est des mensonges, mais je crois que c'est plus des hallucinations, genre les paréidolies dont je parlais, des sortes d'images mentales hyper fortes qu'on a dans la tête, que le cerveau balance quand on est stressé ou bouleversé. Ça me paraît trop débile, cette histoire de gens qui sont morts et qui se promènent. Déjà ils devraient apparaître comme ils sont, tout pourris ou en squelette, rien que ça, ça prouve que c'est une image dans la tête de celui qui les voit. Je parle même pas de ceux qui ont été incinérés à leur mort. Ils devraient apparaître en tas de poussière, non ? J'aurais dû lui dire ça, à mon père, mais j'étais trop scié par son histoire de télépathie.

Avec Manu, on est potes depuis la maternelle, on était même à la crèche ensemble. Avec Esteban, on est tous les trois dans la même classe depuis qu'on a sept ans. Brad, ses parents ont emménagé dans le quartier il y a deux ans, et il s'est retrouvé dans notre classe au collège. Ça a tout de suite collé entre nous, on aimait les mêmes trucs, les mêmes jeux vidéo, les mêmes films, les mêmes bouquins, tout quoi ! À l'époque, on faisait de la musique, moi à la guitare, Esteban au synthé et Manu à la basse, avec un ordi comme boîte à rythmes. On jouait des trucs genre Cure, ou des morceaux des Beatles, des trucs pas très rock, mais c'est surtout parce qu'on avait pas de batteur. Alors on a essayé de mettre Brad à la batterie. Je connaissais un gars qui avait un local de répétition avec tout le matos et il nous a laissés jouer dedans tout un dimanche. C'est sûr que ça s'improvise pas d'être musicien, mais on se disait que la batterie, si on joue simple, c'est pas très compliqué. Eh ben pour Brad, si ! Jamais vu un gars qui a si peu le sens du rythme ! C'est simple : il est tout le temps à côté de la plaque, impossible de taper quatre temps réguliers de suite. Au bout d'une demi-heure, on était fixés : retour à la boîte à rythmes. Du coup, comme il y avait la sono et des micros à disposition, et qu'il connaissait la plupart des morceaux qu'on jouait, on s'est dit qu'il pourrait chanter. Grave erreur : c'était encore pire. Une vraie casserole. Je vous jure, *Let It Be* interprété par Brad, ça donne envie de se tirer une balle !

On le vanne pas mal avec ça en cours de musique. Quand la prof demande un volontaire, nous, on hurle : « Pas Brad ! Pas Brad ! » Au début, la prof elle nous a enguirlandés, et elle a fait chanter Brad en solo, en disant que tout le monde peut chanter si on lui apprend, que c'est une question de travail, etc. Elle a pas recommencé ! Maintenant, quand elle doit commenter les notes de Brad au conseil de classe, elle parle de handicap ! Carrément ! Bref, c'était mort pour que Brad fasse de la musique avec nous, et on trouvait que c'était vraiment trop nul de faire des trucs sans lui, alors on a arrêté le groupe. Brad, il voulait pas, il disait que c'était trop du gâchis mais, au fond, il était super touché qu'on fasse ça pour lui. C'est ce genre de potes qu'on est tous les quatre. Le nom du groupe c'était Âme, à cause de nos initiales : A. M. E. De toute façon, on aurait pas su où caser le B.

La maison de Brad est la première sur ma route, et je vois tout de suite le vélo d'Esteban couché sur la pelouse. Je laisse le mien à côté et je passe par le jardin pour les surprendre par la fenêtre de la chambre. Elle est ouverte, et je les vois assis par terre, en train de jouer à Tekken. Sur l'écran de la télé, Heihachi – entre nous on l'appelle Vieux Pépé – exécute un Dragon Punch dans la face de Roger Jr., le kangourou transgénique tout pourri. C'est quand on s'ennuie vraiment qu'on choisit ce type de perso. En voyant la boule d'énergie dans les poings de Vieux Pépé, je regarde mes mains, et je me dis : « Ouais, ouais, ça pourrait le faire ! »

Je saute dans la chambre, en gueulant :

– Alors, les kangous, on veut sa raclée ?

La tête qu'ils font, trop drôle ! Ils m'assaillent de questions, qu'est-ce que je fais là, qu'est-ce qui se passe, pourquoi je suis pas en vacances, pourquoi je suis déjà rentré, etc. Je leur dis que j'avais besoin de tranquillité pour la TK, et que je suis pas parti du tout sans leur dire. D'abord ils sont furax, mais quand je leur dis que ça marche, ça les calme. Brad y croit quand même moyen.

– Ouais, c'est ça, alors genre en trois jours tu fais bouger des trucs à distance ?

– Ouais, c'est dingo ! Mais pour l'instant, je l'ai fait que tout seul, c'est pour ça que je veux essayer avec vous.

– Ben vas-y, montre-nous ça, monsieur le Jedi !

– Rigole, rigole ! T'as une balle de ping-pong dans le coin ?

– À vos ordres, mon maître, y en a dans le garage.

Quand on est tous les deux, Esteban me dit :

– C'est vrai ce truc, c'est pas une arnaque, comme quand tu fais tes tours de cartes ?

Pour mes douze ans, ma mère m'avait offert un DVD expliquant des tours de magie, un truc super où le magicien montrait bien comment faire, bien mieux que les vidéos qu'on trouve sur Internet. Du coup, je connais la plupart des manipulations de base, les *breaks*, les levées doubles, triples, quadruples, les fausses coupes, enfin tout ce qu'il faut pour faire de bons tours de cartes. Attention, je parle des tours sans trucages ! Les tours automatiques, avec des accessoires et des trucages, des cartes marquées ou biseautées, ça m'a toujours gonflé.

– D'abord, mes tours de cartes, c'est pas de l'arnaque, y a pas de truc, c'est de la manipulation. Et deuxièmement, je te jure, ça marche, de la folie !

Brad revient dans la chambre avec une boîte de

balles orange, exactement la même marque que la mienne, qu'il me lance.

– Voici, maître ! Vos désirs sont-ils satisfaits ?

Je réponds pas, je leur fais signe de s'asseoir et je pose une des balles de ping-pong sur le bureau. Je m'assieds entre eux.

– Vous regardez bien ? J'y vais.

Et là, rien ! Pas moyen de la faire rouler, que dalle. Je fais pourtant tout comme chez moi. Cette foutue balle veut pas bouger d'un millimètre. Brad se met à rigoler.

– La kryptonite ! Aaaargh ! C'est la kryptonite !

. 14

Je suis là, comme une andouille, à mater la balle de ping-pong, et Brad continue de se payer ma tronche, et Esteban s'y met à son tour, il prend son portable et il fait semblant de téléphoner : « Allô, les objets trouvés ? J'ai perdu mes pouvoirs. » Très fin. Ça me gonfle trop, je vais me tirer. Et là, le portable d'Esteban fait un petit bruit de verre cassé, et une grosse fissure apparaît en travers de l'écran.

Quand j'étais gamin, vers huit ou neuf ans, des fois je m'énervais pour rien tout seul. J'étais sur mon lit, j'avais rien envie de faire, et je m'ennuyais à mourir, mais en même temps je voulais rien faire. Je sais pas pourquoi ça m'arrivait, mais j'étais hyper frustré, j'en pleurais. Vraiment comme ça, sans raison. La seule chose qui me tirait de cet état pourri, c'était de casser ou d'abîmer un truc. Il fallait que ça soit une vraie connerie. J'avais un secrétaire dans ma chambre, un genre de bureau avec un plateau qui se rabat, un vieux truc qui venait de mon arrière-grand-mère, en bois vernis, un truc d'antiquaire, un jour, comme ça, j'ai défoncé le plateau en shootant dedans. L'engueulade que je me suis prise! Et encore, ma mère croyait que j'avais fait ça en jouant, sans faire exprès. Une autre fois, j'avais poignardé mon matelas avec une paire de ciseaux, un vrai malade mental. Enfin, des trucs du genre. Je crois que j'avais besoin de faire un truc grave, comme si ça me reconnectait au monde quand je voyais ce que j'avais fait et que je me disais «Maman va me tuer!»

Esteban rigole plus du tout. Moi, je suis encore sous le coup de la rage, je fais valser la balle de ping-pong du regard, elle ricoche sur la télé et arrive sur la tête de Brad, et là, je la stoppe en l'air juste devant son nez. Je lui dis:

– Ça va, t'es content comme ça? et je me casse par la fenêtre.

J'entends le bruit de la balle qui retombe sur le plancher et je traverse le jardin pour reprendre mon vélo. Après, quand je roule dans la rue, je me calme. Mais je commence à flipper pour le téléphone d'Esteban, je trouve ça nul d'avoir fait ça, et je me dis qu'il faut que je me contrôle. Une fois chez moi, je me sens vidé, je me couche sur mon lit, et je m'endors direct.

. 15

21 août.

On sonne à la porte et ça finit par me réveiller. Je m'assieds sur le bord de mon lit et je me rends compte qu'il est onze heures et que j'ai dormi tout habillé. Ça continue de sonner, alors je vais ouvrir. C'est Brad et Esteban. Je leur dis :

– Je suis désolé, les gars, je sais pas ce qui m'a pris, pour le téléphone, je voulais pas...

Mais eux, ils ont pas du tout l'air fâchés, ils me bondissent dessus comme des kangourous transgéniques.

– Ça marche ! C'est trop de la balle ! Ça défonce tout ! T'es un *boss* !

– Vous êtes pas vénères ?

– Ça va pas, non ? me répond Esteban. On s'en fout du téléphone, ça marche, mec, t'as des pouvoirs !

– Faut que tu nous montres comment t'as fait, continue Brad, hyper excité.

– Ouais, ouais, mais d'abord j'ai la méga dalle. Ça fait longtemps que vous êtes là ?

– Tu parles, depuis huit heures. On est déjà venus

sonner hier soir, mais ça répondait pas, alors on a pensé que tu t'étais barré ailleurs. On a sillonné tout le quartier pour te trouver.

– Je m'étais endormi. J'étais complètement naze d'avoir fait ces trucs chez toi.

– C'est crevant, comme le truc de Huysmans, genre ?

– Ouais, pas mal ! Je vais tout vous dire, mais vraiment il faut que je bouffe quelque chose !

Quand on avait testé le don de Huysmans, en faisant les QCM et tout, et qu'on avait laissé tomber vu les résultats minables, on s'était demandé ce qu'on pouvait faire pour l'aider. On comprenait que tout ce qu'il nous avait demandé de faire, pas le contacter, pas aller chez lui, tout ça, c'était pour notre bien, mais on se sentait un peu nuls. Et il y avait ce truc mystérieux que les sales types voulaient qu'il retrouve. Ça devait être quelque chose d'hyper important pour que Huysmans risque la vie de sa petite-fille, et qu'il aille jusqu'à renoncer à son don.

Manu pensait que c'était un trésor, genre balèze, genre celui qui le trouve il peut être maître du monde, le gros cliché. Mais les autres, on croyait pas que Huysmans aurait sacrifié tout ça à cause d'un trésor, à notre avis, ça devait être un truc dangereux, une bombe atomique, ou chimique, ou un truc avec un virus qui pourrait tuer des millions de personnes.

Je bénis ma mère en engloutissant le riz au lait qu'elle a laissé pour moi dans le frigo. Brad grignote une reinette grise du Canada et Esteban tourne et retourne la pyramide en alu entre ses doigts. Quand je suis rassasié, je leur raconte tout ce que j'ai fait – la pyramide, la cartouche d'encre, le stylo, la balle de ping-pong –, je décris du mieux possible ce que j'ai ressenti dans ma tête, la manière de me concentrer, tout ça. Après, je passe à la démonstration avec la pyramide, elle tourne du premier coup. Ils sont scotchés. Je leur fais la totale, la cartouche qui roule et que je retiens en l'air quand elle tombe, la balle qui rebondit jusqu'au plafond, je leur montre celle que j'ai écrabouillée. Esteban me demande :

– Tu crois que c'est grâce au don de Huysmans ?

– Je sais pas, c'est possible, en tout cas, ça m'a donné confiance, et ça, c'est hyper important. Et il y a ce truc avec mon père aussi.

– Quel truc ?

– Quand on était en vacances, il m'a raconté qu'il pouvait faire de la télépathie quand il était jeune. Et je me demande si c'est pas un don genre génétique, dont j'aurais hérité.

– Le bol ! soupire Brad. Moi, j'ai juste hérité de la myopie de mon père !

– Enfin, c'est pas sûr, j'ai un peu essayé avec mes frangins, mais c'était bof. On pourrait voir si ça fonctionne avec vous.

– On a déjà essayé, avec les cartes Pokémon, c'est naze !

– C'était avant que je réussisse à faire de la TK. Et ça marche pas comme le don de Huysmans. Je vous montre. Je vais penser à quelqu'un qu'on connaît, ça peut être de nos familles ou un acteur ou un musicien, et vous, vous essayez de savoir qui c'est, mais sans faire défiler les possibilités dans votre tête, faut laisser votre esprit ouvert.

– C'est pas facile !

– Pensez juste à la question. Essayez les yeux fermés pour commencer. On y va !

Je vide mon esprit et j'y place une seule chose. C'est dingue, avec tout mon entraînement, c'est super facile. Esteban ouvre les yeux. Il a trouvé ! Pour pas perturber Brad, je lui fais signe de se taire et je lui file un papier et mon stylo Bic. Il écrit en grosses lettres BATMAN. Mortel, on y arrive ! Je lui fais oui des yeux, il faut qu'il se morde la lèvre pour pas hurler de joie. Je lui fais comprendre qu'il faut que je continue à me concentrer. Brad ouvre les yeux à son tour, mais il a pas l'air d'avoir eu d'illumination.

– Je vois rien, enfin rien qui s'impose, ça défile, j'arrive pas à me vider la tête.

Il regarde Esteban et il comprend tout de suite.

– Tu y es arrivé ? Purée, c'est toujours moi qui foire !

– C'est bon, Brad, c'est pas grave, je lui réponds. Il faut que tu t'entraînes un peu, c'est tout. Je vais te montrer les trucs de relaxation que m'a appris ma mère.

– Ouais, mais Esteban il y arrive direct !

– On se connaît depuis vachement longtemps avec Esteban, ça doit jouer à mort. De toute façon, la relaxation, c'est bon pour tout le monde.

Plutôt que de leur dire des trucs approximatifs, je vais chercher un des bouquins de ma mère, et je fais la lecture. C'est dans ce livre qu'il y a cette histoire du train de pensées qu'on voit passer mais qu'on ne prend pas. Après, on s'allonge sur le tapis du salon, et on respire comme c'est indiqué. Incroyable ! J'aurais jamais cru qu'on puisse faire ça sans rigoler. Il faudrait que je nous filme pour montrer à ma mère, ça la ferait délirer !

Je repense à notre groupe de rock, et à d'autres trucs qu'on a laissés tomber, avec Esteban et Manu, pour pas exclure Brad. On faisait du ping-pong en club depuis le début du collège, et Brad s'est inscrit, mais il a eu beau s'entraîner, il était pas doué. Il a même fait acheter une table à son père, pour pratiquer dans le garage, mais il est pas très adroit, on lui met tout le temps la raclée. En plus, il y avait cet entraîneur hyper méprisant au club, Gremil qu'il s'appelle. Dès qu'il voyait Brad jouer, il le cassait. Du coup, on a tous rendu notre licence, et il était vert, Gremil, parce qu'on était un peu les espoirs du club, Esteban et moi. Ce gars, il avait eu un accident quand il était plus jeune, genre avec une scie, et il avait les doigts de la main droite coupés en travers, du bout de la première phalange de l'index à la base du petit doigt. C'était coupé tout droit, ça faisait bizarre ; des fois, il appuyait sa main sur un mur, et on avait l'impression que ses doigts traversaient le mur. Mais surtout, ses doigts coupés, c'était un super truc pour le ping-pong ! Je m'explique : au ping-pong, on tient la raquette un peu comme un marteau, avec l'index tendu sur le revêtement, alors ça arrive que la balle tape sur les doigts quand on fait un revers. Ça fait pas mal mais on perd le point parce que la balle part n'importe où. Lui, ça lui arrivait jamais. Il avait juste ce qu'il fallait de doigts pour tenir sa raquette, mais rien qui dépassait. Avec les copains, à chaque fois qu'il nous arrive ce truc, la balle qui tape sur les doigts, on dit: « Saint Gremil, priez pour nous ! » Morts de rire ! Je pense à ça, parce que c'est la première année qu'on va pas participer au tournoi de rentrée du club. L'année dernière, j'avais gagné en battant Esteban en finale. Brad s'était fait sortir au premier tour.

Depuis que j'ai chopé le truc pour la TK, j'arrive à méditer plus facilement, j'ai pas vraiment besoin de forcer sur l'inspiration et l'expiration, le vide se fait tout seul. Je crois que c'était vraiment une bonne idée de rester tout seul, sans distractions ni rien. En fait, c'est ça qu'ils doivent faire, Brad et Esteban, et Manu quand il sera rentré. L'idéal, ça serait que chacun se trouve un endroit peinard, éloigné des autres, en ayant au moins une semaine sans que personne vienne les déranger. Ça me semble coton, moi j'ai eu vraiment du bol que ma mère accepte. Mais s'il y a pas cette espèce d'immersion, je sais pas s'ils pourront le choper, ce truc.

Les copains sont endormis, c'est le coup classique au début, on se focalise sur sa respiration et on se relaxe tellement qu'on s'endort. Je les laisse roupiller et je vais dans la cuisine préparer du thé. C'est l'idéal pour rester éveillé quand on médite. Pendant que le thé infuse, je réfléchis à comment on pourrait s'y prendre pour que Brad et Esteban puissent avoir du temps tranquilles. Ils pourraient dire à leurs parents qu'ils passent quelques jours chez moi, on l'a déjà fait. Mais il faut trouver un endroit pour chacun. Je peux rester dehors et laisser un des deux tout seul chez moi pendant la journée. Ça fait un seul endroit à trouver. Pour l'instant, parce que quand Manu va rentrer… Et là, j'ai l'illumination, le truc évident ! Manu ! Il y a personne chez lui pendant encore une semaine ! Et les parents d'Esteban ont une clé et le code de l'alarme, au cas où. Ça va le faire nickel !

. 16

Après avoir réveillé les gars, je leur explique mon plan, ils mettent un peu de temps à percuter, mais après avoir bien bâillé, ils sont carrément emballés. On laisse le thé pour une autre fois et on se précipite chez Esteban. Faut déjà vérifier cette histoire de clé et de code. On dévale les rues à fond les manettes. La mère d'Esteban a repris le travail donc il y a personne à la maison. Dans un tiroir, il trouve l'enveloppe qui contient la clé et sur laquelle il y a une série de chiffres écrits au marqueur. On prend la clé et on recopie le code sur un bout de papier, et puis Esteban laisse un mot sur le frigo disant qu'il va passer quelques jours chez moi avec Brad, pour réviser avant la rentrée. Il passe dans sa chambre pour récupérer des fringues qu'il met dans son sac à dos, y ajoute un gros sachet de Snickers et un pack de Coca, et on repart, direction chez Brad. Son père est à la maison, et Brad doit parlementer un peu, mais comme il y a Esteban avec son sac à dos, et que c'est pour la bonne cause – les révisions – il donne son accord assez vite. Il demande juste que Brad passe un petit coup de fil le soir. Pas de problème ! Brad embarque quelques habits de rechange et des cahiers pour que ça fasse vrai, et on repart chez moi direct. Les doigts dans le nez !

Finalement, on le prend ce thé ! Je passe les tasses au micro-ondes et avec on dévore des gaufrettes. On décide que ça sera Esteban qui restera chez Manu, il connaît mieux la maison et, surtout, Brad se sent pas hyper rassuré de passer plusieurs jours tout seul là-bas. Je leur montre précisément comment fabriquer la pyramide d'alu – je trouve que c'est mieux que chacun se fasse la sienne. Pour le socle, j'ai encore des morceaux de bois que je perce au bon diamètre. Brad a pensé à emporter la boîte de balles de ping-pong, comme ça, Esteban peut en prendre trois. On regarde les sites de TK que j'ai archivés, et je leur répète comment ça s'est passé pour moi, les différentes phases, et ils notent tout ça chacun dans un cahier. On convient que je partirai tous les matins vers huit heures et que je reviendrai le soir vers sept heures et demie, et comme ça, la journée de travail de Brad est délimitée. Pour la bouffe, il me reste plein de thon et des pommes, et comme ça l'a bien fait pour moi, les gars sont d'accord pour appliquer le régime Christian Bale. On se met d'accord pour ne s'appeler qu'en cas d'urgence et, de toute façon, Brad et moi, on se verra le soir. Je passe le reste de l'après-midi à leur remontrer les différents trucs de TK, en racontant le plus précisément possible ce que je ressens, comment je me concentre, etc. Le plus étonnant c'est que, même en parlant, j'y arrive de mieux en mieux !

À la tombée de la nuit, après avoir envoyé mon petit mail quotidien, je pars chez Manu avec Esteban. On laisse nos vélos à une cinquantaine de mètres et on marche en longeant les façades, pour éviter le plus possible la lumière des réverbères. Arrivés à la porte, comme il y a personne dans la rue, ni aux fenêtres des autres maisons, on ouvre, on rentre, on referme. J'ai amené une lampe torche et j'éclaire le bout de papier pendant qu'Esteban saisit le code. Le voyant passe au vert avec un petit clic. Ça fait hyper bizarre de se retrouver dans la maison de Manu toute vide, on en mène pas large, alors on va direct à la chambre de Manu. Esteban sort la pyramide du sac, mais je lui dis qu'il vaudrait mieux qu'il se mette dans une pièce plus neutre, avec moins de choses pour le distraire. La table de la salle à manger convient bien, il y a rien dessus. J'allume une lampe avec un gros abat-jour blanc, après avoir vérifié que les volets sont bien hermétiques et que ça se verra pas du dehors. On installe bien la pyramide, on éteint la lampe, et Esteban me raccompagne à la porte. Avant de sortir, je lui dis que c'est cool s'il peut m'envoyer un petit SMS le soir, que je sache que tout va bien. Il me répond que je suis comme sa mère, mais il est d'accord. Je me faufile dehors et je longe les murs à nouveau jusqu'aux vélos. Je reviens en faisant rouler celui d'Esteban à côté du mien et, quand je rentre chez moi, Brad est déjà endormi dans la chambre des jumeaux, alors je me brosse les dents et je vais me coucher à mon tour.

Je pense à Esteban, tout seul chez Manu. Moi, j'aurais les boules, mais lui, je suis sûr qu'il est cool. C'est lui le plus courageux, c'est clair. En même temps, c'est aussi lui qui fait le plus de conneries. Au moment où je vais m'endormir, j'entends mon téléphone vibrer sur ma table de nuit. C'est un SMS d'Esteban : « Bonne nuit, maman. »

Connard !

17 .

22 août.

Dès que mon réveil a sonné, je me suis levé comme un ressort, j'ai enfilé mes fringues et mes baskets et je suis sorti. Le moins je croiserai Brad, le mieux ça sera pour lui. Première chose, je vais patrouiller vers chez Manu. Les volets sont bien fermés, on voit aucune lumière, on jurerait que la maison est toujours vide. Après je fais un grand détour pour éviter d'être vu par les parents de Brad et d'Esteban, on sait jamais, et je vais faire un tour au centre-ville, en évitant aussi la rue du Dragon. Je me dis que je pourrais continuer l'entraînement de TK, mais d'abord je me paye un *donut* fourré à la framboise que je mange sur les quais, avec une briquette de jus d'orange. Il y a du soleil. Je suis bien. Je pense à rien.

Il y a un clodo qui vient vers moi et qui me demande si j'aurais pas une petite pièce. Il pue la pisse et la sueur, mais il a l'air gentil, il a le visage tout rouge avec un gros pif plein de points noirs et de poils et une grande barbe jaunâtre. Il a un petit bonnet sur la tête, avec un pompon. Je lui file un peu de monnaie, et quand il me remercie d'un grand sourire plein de chicots, je vois un verre de bière dans ma tête, et je sens que la bière est fraîche, et je peux même ressentir le bien que ça va faire de boire cette bière. Le gars s'en retourne d'où il est venu. Ça me fait un drôle d'effet d'avoir eu cette vision. D'un côté, je trouve ça cool, et même géant, de pouvoir faire ça, mais aussi, je me dis que ça craint de se taper des sales pensées, ou des délires tout pourris de cul ou des machins pervers, et je commence à comprendre pourquoi mon père a laissé tomber. Ce truc de lire dans les pensées, c'est valable que si on le maîtrise bien, sinon ça peut être l'horreur.

Mon père, il est marrant. Il m'envoie des mails régulièrement avec des trucs qu'il a lus et qui pourraient m'intéresser, selon lui. Ça peut être sur n'importe quel sujet, genre histoire, philosophie, psychologie, ça peut être un fait divers, ou une photo. Mais rien à voir avec les chaînes pourries qu'on reçoit, les Powerpoint de photos de chatons ou de bébés avec des blagues à deux balles, hein. Je comprends pas toujours tout, c'est parce que ça me prend un peu la tête de lire ces trucs quand je les reçois, alors je les archive dans un dossier « Trucs de papa ». Mais de temps en temps, je vais regarder dans le dossier, et je lis ces trucs et c'est toujours assez marrant. Mon père il en parle jamais, il me demande pas si je les lis, il fait ça comme ça, il demande pas de compte rendu ni rien. J'ai fini par les classer avec des numéros, je commence à en avoir un bon paquet.

Par exemple, le Truc de papa numéro 24, ça raconte la vie pas croyable de ce gars qui s'appelait

Wittgenstein, un philosophe qui a vécu il y a un siècle. C'était un Autrichien, fils de milliardaire et super intelligent. Ado, il était en classe avec Hitler. Sur une photo de classe on les voit tous les deux, ce Wittgenstein, il était juif, il y en a même qui disent que Hitler détestait les juifs à cause de lui, par jalousie! Bref, ce gars-là, c'est dingue tout ce qu'il a fait dans sa vie: ingénieur aéronautique à Berlin, mathématicien à Cambridge, philosophe, musicien, ermite dans une cabane en Norvège, engagé volontaire pendant la guerre de 1914-1918 – il gagne plusieurs médailles de bravoure, et dans les tranchées, il écrit un bouquin qui révolutionne la philosophie. Après la guerre, il est instituteur en Autriche, puis jardinier, pense à devenir curé, et finalement, il construit une maison pour une de ses sœurs – il fait les plans et tout, et c'est considéré comme un chef-d'œuvre de l'architecture! Il revient à Cambridge comme prof, mais il en a vite marre, il repart en Norvège, puis comme c'est la Seconde Guerre mondiale, il s'engage à nouveau, comme brancardier, et après la guerre, il se casse en Irlande dans une hutte de pêcheur, et ça continue comme ça, jusqu'à sa mort. En plus, ce type, ce qu'il préférait dans la vie, c'était faire la vaisselle! Heureusement pour lui, y avait pas de MacDo à l'époque.

Je me demande comment ça marche pour Brad et Esteban. J'espère qu'ils vont pas se décourager, c'est le début le plus dur. Esteban, je me fais pas trop de souci pour lui, c'est pas le genre qui renonce, mais Brad, je suis moins sûr. Enfin, je peux rien y faire, et surtout, je dois rien y faire.

Je me pose sur la grande terrasse ombragée du *Café des Contrebandiers*, et je commande un express – c'est le truc le moins cher pour avoir le droit de rester là, et je compte pas en boire une goutte – avec un verre d'eau. C'est pas mal parce qu'il y a des gens assis autour de moi, et je peux essayer d'écouter ce qu'ils pensent, c'est un bon entraînement. En même temps, les gens aux terrasses, je sais pas s'ils pensent grand-chose. J'y vais mollo, je me suis rendu compte qu'il faut que ça vienne un peu tout seul, sans forcer. J'oriente juste un peu mon attention vers untel ou untel. J'ai des trucs qui me viennent, mais rien de vraiment net. Et tout à coup, je vois un derrière ! Le derrière d'une fille en jupe moulante ! Ça vient d'un gars qui est derrière moi, un gars en chemisette et short avec un chapeau de paille et un double menton. Je suis son regard et je tombe sur la fille à la jupe, qui est en train de traverser la place en se dandinant pas mal. Je pense que ma vision pourrait être le produit de plusieurs gars, vu les regards qui convergent.

Voilà ! C'est exactement le genre de trucs que je dois maîtriser ! Sinon mon crâne risque de devenir un dépotoir à visions salaces. Le temps que cette fille passe, j'essaye de bloquer les visions, mais c'est un peu coton, d'autant que moi-même ça me laisse pas insensible ! Bloque ! Bloque ! Regarde ailleurs !

Comment ça se fait qu'à la piscine ou sur la plage les filles en maillot de bain ont l'air de faire moins d'effet que quand elles sont habillées dans la rue ? C'est sûr qu'il y a aussi des gars qui matent à la piscine ou à la mer, surtout quand les filles ne mettent pas de soutif, mais ils sont pas hypnotisés comme aux terrasses. C'est un truc mystérieux.

Je bloque à mort, mais il y a une pression incroyable à chaque fois qu'une jupe se pointe. Finalement, c'est des bonnes conditions pour s'entraîner. Je me concentre sur la femme du gars au chapeau de paille. Rien qu'à son regard je vois qu'elle sait à quoi pense son mec, je m'attends à voir un cochon apparaître dans mon esprit. Mais je vois rien de spécial, ça doit pas être assez fort.

Quand la terrasse est bien pleine, j'ai même pas besoin de regarder sur la place, j'ai un détecteur de jupe intégré. Ça commence à me gonfler un peu, et je me dis que pour changer je pourrais essayer de faire un peu de TK et, juste à ce moment-là, il y a une bombe atomique qui passe, genre top model, avec des longs cheveux bruns et des grandes bottes et une petite jupe à fleurs, et là, je sais pas ce qui me prend, je me dis que si sa jupe se soulevait, tous les mâles deviendraient dingos sur la terrasse, et je le fais! Je le jure, je fais jamais ce genre de trucs, je trouve ça immonde, relou et tout et tout, mais c'est comme si ma pensée était plus rapide que ma volonté, ou bien le contraire, enfin bref, sa jupe remonte et on voit ses fesses pendant une demi-seconde. L'explosion dans ma tête!

Une fois, chez Manu, on a oublié de débrancher l'alarme en entrant chez lui, on s'est pris la sirène dans la tronche, un truc de fou, un truc à te défoncer les oreilles, même en te mettant les mains dessus. Là, pareil, sauf que je peux pas coller mes mains sur mon esprit. Ça fait mal! Heureusement que ça s'arrête assez vite, j'ai la tête en compote. Je me tire de cette terrasse, et je suis remplacé aussitôt par une famille de touristes.

Je prends un kebab dans un restau libanais qui en fait est tenu par un Irakien. Meilleure sauce blanche de la ville ! À chaque fois qu'on va faire des courses ou qu'on va au ciné avec ma mère, on vient là et, à chaque fois, ma mère essaye de lui extorquer sa recette, et lui, il veut pas donner son ingrédient secret. Pendant qu'il s'occupe des frites, je lui pose la question, c'est quoi le fameux ingrédient qu'on trouve jamais, et je me concentre à mort. Le problème, c'est qu'il pense en arabe ou en irakien, enfin la langue de là-bas, et même si je sens bien qu'il y a un mot répété plus que les autres, ça m'avance pas beaucoup. Quand il me sert mon kebab, je me lance, j'essaye de dire ce mot pour voir. Ça donne :

– *Goulprr* ?

Il me regarde d'un air malicieux, il me répond pas mais, quand je veux payer, il m'arrête :

– Gratuite ! Gratuite !

Il a l'air tout content.

. 18

Je sors pour manger mon kebab dans la rue et je me rends compte que je suis tout près de chez Huysmans. J'ai qu'à prendre à gauche au coin et je suis dans la rue du Dragon. C'est pas l'envie qui m'en manque, mais je préfère me préparer. Il faudrait que j'aie un déguisement, des lunettes de soleil et une casquette et je pourrais acheter un maillot de foot, j'en porte jamais. Je fais donc demi-tour, direction le centre commercial.

Dans le magasin de sport, je vais direct au rayon foot. Il y a des maillots de clubs et aussi d'équipes nationales. J'aimerais bien en trouver un en coton, mais apparemment ça existe pas, c'est tout cent pour cent polyester. Je déteste cette matière. OK, c'est léger, mais dès qu'on sue un peu dedans, ça pue le fauve. Enfin bon, c'est pas comme si j'allais vraiment jouer au foot avec. J'hésite entre celui des Pays-Bas, orange bien pétant, et celui de l'Argentine, à bandes verticales bleu ciel et blanches, et comme il est moins cher, c'est celui-là que je prends.

Il me reste cinq heures avant de rentrer, je sais pas trop quoi faire, j'irais bien au ciné mais il y a pas de film qui me tente. Je passe devant la médiathèque, il y a des gens qui attendent l'ouverture, je me dis que je peux aller lire quelques BD pour passer le temps.

Dans le coin lecture, autour de moi, il y a que des mioches. J'ai du mal à me concentrer, un peu à cause de leurs piaillements, un peu parce que les BD que j'ai prises sont pas passionnantes. En fait, c'est surtout que, vu ce qui m'arrive, la TK, la télépathie, tout ça, les trucs réels me semblent vachement plus intéressants que les histoires inventées.

Je repose les BD et je vais dans la grande salle de lecture ; en passant, je demande au guichet un crayon et du papier, et je me trouve une table planquée dans un recoin. Là, je suis bien au calme, dans la section où sont rangées des collections reliées comme *Annales de la science et du droit maritime* ou bien *Annales de législation et jurisprudence*, enfin ce genre de bouquins que personne lit jamais. Je me cale dans ma chaise avec les mains derrière la tête et je fais rouler le crayon sur la table en me balançant.

À un moment, la dame du guichet passe la tête entre deux rayonnages et je manque de me casser la figure. Je me dis que je pourrais au moins faire semblant de lire, alors je me balade dans les allées pour trouver un livre. Je farfouille au rayon ésotérisme, et je choisis un gros bouquin sur le tai-chi-chuan, plein de diagrammes et de dessins et de planches d'anatomie. Il y a surtout un truc qui me donne envie de le prendre : c'est un dessin de corps humain avec des points numérotés et des symboles chinois, et une liste qui commence par « neuf points mortels ». Trop bien !

Ça me parle à fond. Je passe tout l'après-midi à lire ce bouquin et à recopier du mieux possible le dessin avec les points. Je me dis que si j'arrive à taper un objet à distance, je dois pouvoir aussi taper un point du corps de quelqu'un. Si c'est n'importe où, ça fait pas très mal, mais si c'est un des neuf points mortels… Je kiffe, je kiffe !

Il y a d'autres points sur le schéma, neuf qui entraînent l'évanouissement, neuf qui rendent muet, neuf qui paralysent. Dans *Kung Fu,* Caine fait ça des fois, il appuie avec son doigt sur un point dans le dos ou sur le cou de quelqu'un, et le gars tombe dans les pommes.

Méga bouquin ! À sept heures, la dame du guichet est obligée de venir me chercher parce que ça ferme. C'est bien la première fois que ça m'arrive ! J'ai hâte de montrer ce truc à Brad, il va bien délirer.

Je me demande comment s'est passée cette première journée de TK pour eux.

19.

Je rentre discrètement dans la maison, au cas où Brad serait encore en train de travailler, mais il y a personne devant la pyramide, ni dans la cuisine. La boîte de thon et la pomme que j'avais posées sur le plan de travail ont disparu, et la théière est vide. Je vais voir dans la chambre des jumeaux, et j'entends la respiration régulière de Brad qui roupille. Bon. C'est sûrement mieux comme ça, je me dis, même si je suis déçu de pas pouvoir causer un peu.

Je retourne dans la cuisine et je fais cuire des pâtes, j'envoie un mail à ma mère, puis je mange tout seul avec mon casque sur les oreilles et Elliott Smith pour me tenir compagnie. Quand je me couche, je trouve un bout de papier plié sur mon oreiller. Dessus Brad a dessiné un smiley triste. Ouais, j'en menais pas large non plus le premier soir. J'attends le SMS d'Esteban pour éteindre, il arrive vers neuf heures, «Rien pour l'instant, bisou», et je m'endors rassuré, le connard va bien.

23 août.

L'idée de passer toute une journée déguisé en joueur de foot argentin me semble moins géniale ce matin. Je passe discrètement à la salle de bains pour prendre une petite douche, histoire de me préparer psychologiquement au fait que dans deux heures je vais commencer à suer dans mon beau maillot bleu et blanc et que le reste de la journée je vais le passer à puer comme un chacal. Je complète ma tenue par un bermuda blanc que j'ai jamais porté et que je porterai sûrement plus jamais, une casquette des Chicago Bulls et des fausses Ray Ban ramenées de vacances l'année dernière. J'ai déjà l'air bien craignos dans le miroir, mais j'atteins la perfection en enfilant une paire de tongs aux couleurs de l'Italie, vert, blanc, rouge, cadeau d'anniversaire des jumeaux – avec les jumeaux, on fait le concours du cadeau le plus pourri à nos anniv, et je dois dire que là, ils avaient fait fort. Au dernier moment, je fourre quand même des fringues de rechange dans un sac, avec un maillot de bain et une serviette, comme ça, si ça devient trop insupportable, je pourrai toujours aller me rincer à la piscine.

Je passe à la cuisine pour prendre un verre de jus d'orange avant de sortir, et je trouve Brad déjà attablé en train de dévorer son thon.

– Ça file bien la dalle, ce régime, hein! je lui dis.

– Tu parles, je me suis réveillé à quatre heures, tellement j'avais faim.

– Et à part ça, ça gaze?

– C'est chiant, il se passe rien, c'est comme tu disais. Mais ça va, je continue.

– Cool!

– Sinon, c'est carnaval, aujourd'hui ?

– Je t'expliquerai, je veux pas que tu te déconcentres. Peut-être à ce soir ?

– Tu vas vraiment sortir comme ça ?

– T'occupe ! Allez j'y *go*, travaille bien !

– Ouais, ouais.

Quand je descends du bus, place Centrale, il y a pas encore beaucoup de monde. Je laisse mon sac dans une consigne automatique, et je commence à faire le touriste en prenant des photos avec mon portable. Je me tape quand même mon *donut* à la framboise, en faisant bien attention à pas tacher mon beau maillot tout neuf. Je vais traîner près du château, c'est par là que les groupes commencent le circuit découverte. Je me joins à un de ces groupes, qui vient justement de sortir du château, et je me laisse entraîner, toujours en prenant des photos. On fait la cathédrale, la vieille ville avec les maisons à colombages de traviole, les canaux, et on remonte comme ça en direction du centre d'art moderne qui est au bout de la rue du Dragon.

J'angoisse un peu en arrivant au croisement. J'ose pas regarder directement l'immeuble de Huysmans, alors je continue à prendre des photos, je mitraille au hasard, bien planqué dans mon groupe de touristes et, quand on passe au pied de l'immeuble, je remarque rien de spécial, pas de grosse voiture noire ni de camionnette de fleuriste, pas de type louche posté dans un renfoncement, pas de gens aux fenêtres.

Après avoir passé trois autres immeubles, je commence à me détendre, je jette un coup d'œil en arrière toujours en prenant des photos sur mon téléphone, et là, tout à coup, j'ai une voix qui surgit dans ma tête, une voix grave et hyper autoritaire qui dit : « Qui êtes-vous ? »

20 .

La frousse ! Heureusement que j'ai mes lunettes de soleil et ma casquette, sinon je serais repéré en deux secondes. Je bloque mon esprit comme si je fermais une porte à clé – j'ai bien fait de m'entraîner hier – et j'essaye de garder l'air naturel. Je me force à pas me retourner mais j'en ai froid dans le dos, tous mes poils sont hérissés, et en même temps je transpire comme un porc, et comme ce fichu maillot évacue la sueur, je commence direct à puer le rance. Je reste avec mon groupe jusqu'au guichet du musée, et là je me tire et je vais me planquer à l'ombre d'une petite rue. C'était quoi, cette voix ? Faut que je me calme. Inspiration profonde. Calme. Expiration lente. Jusqu'au bout. Vide. Calme. Je sens que mon cœur ralentit la cadence. Inspiration lente. À fond. Calme. Expiration trèèès lente. Vide, vide, vide tout.

Je me remets à marcher tout en continuant à respirer profondément. Je sais pas trop où je vais, mais je m'éloigne de la rue du Dragon, et c'est le principal. Je me sens sonné comme si je m'étais pris un gros pain dans le nez. J'ai envie de me coucher et de dormir, mais je veux pas rentrer à la maison pour déranger Brad. De toute façon, il pourra rien y faire, ça risque juste de flinguer tout son entraînement. Pareil pour Esteban. Ça les déconcentrerait trop. Si seulement Manu était là, on pourrait causer de ce truc, bien réfléchir et tout. Je me sens vachement tout seul.

Je me retrouve place Centrale, et je me souviens que j'ai laissé mon sac à la consigne. La piscine. La tronche dans l'eau, c'est ça qu'il me faut. Je pourrais y aller à pied mais, justement, le bus arrive, et je commence à avoir une ampoule dans le creux du gros orteil de chaque pied. Je m'assieds au fond du bus et j'enlève ces tongs pourries, non seulement elles sont moches, mais en plus elles sont mal foutues. Quand le bus stoppe à l'arrêt de la piscine, je descends pieds nus en boitillant et je balance les tongs dans la poubelle de l'Abribus, mais je suis pris de remords parce que c'est quand même un cadeau, alors je les reprends et je les mets dans mon sac. Le bitume est bouillant sous mes pieds, mais c'est pas désagréable et j'ai juste le parking à traverser pour me retrouver sur du carrelage frais. Le premier pédiluve c'est un vrai bonheur, j'y resterais bien tout l'aprèm.

En sortant des vestiaires avec ma serviette autour du cou, je croise une bande de filles de mon collège qui me regardent en faisant des mines et en pouffant dans leurs mains. J'imagine que si on était dans la rue, ma tête se remplirait immédiatement de gros plans sur leurs maillots de bain, mais là, rien. Ça me tue, ce truc ! Je me trouve un coin à l'ombre pour poser ma serviette et je plonge direct dans le grand bassin ; l'eau est froide, c'est méga bon. Je reste au fond, poumons quasi vides, pendant un bon moment, c'est agréable d'être coupé de l'extérieur, j'ai l'impression que mon cerveau se détend vraiment, comme s'il était resté crispé depuis ce truc avec la voix rue du Dragon. Quand je peux plus tenir, je me propulse à la surface, et je m'agrippe à la rigole. J'ai pas spécialement envie de nager, je suis bien là. Je colle mon dos à la paroi de la piscine, et je continue à m'agripper en passant les mains de chaque côté de ma tête, comme ça, je peux relever les fesses pour faire la planche, avec le bout de mes pieds qui sort de l'eau.

Une fois que je me sens bien rafraîchi, je sors de l'eau et je m'étends sur ma serviette, avec la tête à l'ombre et le corps au soleil, et je m'endors comme ça, sur le ventre. Si ma mère était là, elle me barbouillerait d'écran total, mais elle est en Bulgarie et, à l'heure qu'il est, c'est les jumeaux qui sont déguisés en escalopes à la crème.

Je suis réveillé par des éclaboussures d'eau froide sur mon dos. La piscine s'est bien remplie depuis tout à l'heure, ça crie, ça piaille, ça court dans tous les sens. Les bassins sont bondés, mais j'ai tellement chaud que je me jette dans la mêlée. Je reste au fond pour être peinard, à regarder les centaines de jambes qui s'agitent dans tous les sens. Il doit être trois ou quatre heures, à vue de nez, et comme j'ai rien mangé à midi, je commence à avoir la dalle, donc je nage, toujours sous l'eau, jusqu'à l'échelle la plus proche, je récupère ma serviette et je retourne au vestiaire pour me changer. En passant, je constate qu'il est en fait presque cinq heures, et que j'ai roupillé plus de deux heures au soleil, ce que me confirme la douleur sur mes épaules quand je passe sous la douche. Dans le miroir des vestiaires je suis vanille-fraise. Ma mère a toujours raison.

Je reprends le bus vers le centre-ville, mais maintenant j'ai des vrais habits, et des baskets. Je repasse par la consigne pour y laisser mon sac et je vais manger un hamburger au MacDo – mon kebab est un peu trop près de chez Huysmans et j'ai aucune envie d'aller par là-bas pour l'instant. En sirotant mon Coca je cogite et je me dis que cette voix, c'était peut-être un truc qui avait rien à voir avec Huysmans ou avec moi, que c'était une pensée que j'ai captée par hasard, mais j'ai du mal à me convaincre. Ça m'a trop fichu les jetons, c'était trop net, ça devait être dirigé vers moi. Je me demande comment je me suis fait repérer, et la seule réponse logique qui me vient, c'est que c'est mon esprit qui s'est fait repérer, pas moi. Donc la personne qui m'a parlé m'a pas forcément vu, elle a juste capté mes pensées et elle s'est introduite dans mon esprit. Elle devait être chez Huysmans. En tout cas, plus question d'aller traîner dans le quartier. Je me dis que je devrais même carrément éviter le centre-ville, et ça me semble tellement une évidence que je décide de rentrer immédiatement.

Devant la porte de chez moi, j'ai glissé la clé dans la serrure mais j'hésite à rentrer et à interrompre la séance de Brad, vu qu'il est plus tôt que prévu. D'un autre côté, j'ai vraiment besoin de parler à quelqu'un, et si j'attends sept heures et demie, il sera peut-être déjà couché. Je me concentre pour essayer de saisir ses pensées et voir où il en est, et je capte quelque chose : « Tourne ! Tourne ! Allez, tourne ! » Bon, moi j'ai mis deux jours et demi pour choper le truc, mais c'est grâce à mamie. Mamie ! La sonnette ! Ça, ça pourrait aider ! Je me souviens que j'étais bien calme, détendu, avec l'esprit vide, quand mamie avait sonné. C'est pas le cas de Brad. Je tente le coup quand même. Je sonne un long coup, l'oreille collée sur la porte, et j'entends un bruit de chute et un cri. Je rentre dans la maison et je me précipite au salon. Brad est étendu à côté de la chaise renversée, il se tient le coude, et quand il me voit débouler, il gueule :

– C'est toi qui as sonné ? T'es pas un peu con, non ? Je me suis ramassé à cause de toi !

Il se relève péniblement en s'appuyant sur la chaise, mais il a pas l'air de s'être fait trop mal.

– Faut pas se balancer sur les chaises, mon Bradounet ! je lui dis en imitant sa mère.

– Connard ! Je me suis pété le coude !

– Tu crierais plus fort que ça si c'était cassé. Fais voir.

– Laisse ! Pourquoi t'as fait ça ?

– Je voulais t'aider, je vous ai raconté comment le truc est venu, pareil, avec ma grand-mère.

– Ouais, eh ben, c'était une idée genre très con !

– Ça aurait pu marcher, si tu te balançais pas toujours sur ta chaise.

En remettant ses lunettes droites, il me jette un regard qui m'incite à la fermer. Je redresse la chaise mais il préfère se laisser tomber dans un fauteuil.

– Et puis d'abord, qu'est-ce que tu fais là, il est même pas sept heures ?

– Il faut que je te raconte, il m'est arrivé un truc méga flippant en ville.

– Qu'est-ce qui s'est passé ?

– Je suis allé rue du Dragon.

– Quoi ? Mais...

– C'est pour ça que j'étais habillé comme ça ce matin, pour pas me faire repérer.

– T'es cintré ! Huysmans nous a dit de pas faire ça !

– Je sais bien, mais ça me travaillait trop, je voulais juste jeter un coup d'œil.

– C'est pas vrai ! T'es malade !

– Bon, ça va, de toute façon c'est fait ! Ça sert à rien de râler !

Brad reste prostré dans son fauteuil, toujours aussi énervé, et je sais bien que c'est à cause de la tension nerveuse qu'il fait ça, c'est le résultat de deux jours de concentration sur un foutu bout d'aluminium, et de deux jours de ce foutu régime Christian Bale. Je m'étends sur le canapé et j'attends que ça passe. Ça tarde pas. Il pousse un grand soupir et dit :

– Bon et alors, c'est quoi qui t'a fait flipper ?

Je lui raconte ma journée, et toutes mes hypothèses concernant la voix dans ma tête. Ça le met hyper mal à l'aise et je le sens paniquer.

– Si ça se trouve, le gars de la voix, il t'a suivi, t'es vraiment dingue d'avoir été là-bas, qu'est-ce qu'on va faire maintenant ?

– D'abord, je vais me tartiner de crème après-soleil, et faudra que tu m'aides pour le dos.

– Tu peux toujours courir !

21.

Finalement, quand je sors de la salle de bains, Brad s'est un peu calmé. Il étale en ronchonnant la crème sur le petit carré que j'ai pas pu atteindre dans mon dos.

– Mais t'es resté combien d'heures au soleil?

– Deux ou trois, je t'ai dit.

– Tu t'es pas raté, tu vas passer une bonne nuit!

– Si y avait que ça. C'est plutôt pour Huysmans que je m'en fais.

– Ouais, mais qu'est-ce que tu veux qu'on y fasse? On va pas retourner là-bas.

– Je sais pas, on pourrait appeler la police.

– Pour leur dire quoi? En plus on est sûrs de rien.

– T'as pas entendu cette voix, elle était hyper glaçante. J'ai un sale pressentiment, il faut qu'on en sache plus.

– En tout cas, moi, pas question que j'y aille.

– Moi non plus, mais on pourrait envoyer quelqu'un à notre place.

– Et qui, alors? Des enquêteurs du surnaturel? Fox et Mulder? Tu sais, *Fringe*, c'est qu'à la télé!

– Hé, mais c'est pas con !

– C'est ça, on a qu'à envoyer Walter Bishop chez Huysmans ! Avec Sherlock Holmes et M. Spock, tant qu'à faire. Y a pas que sur ton dos qu'il a cogné le soleil !

Il a le sens du sarcasme qui tue, Brad, faut lui laisser. Je rigole comme une baleine et lui aussi se met à se marrer, et il en rajoute.

– Ils pourraient y aller en Batmobile, ou alors se téléporter depuis l'*Enterprise*. Non, je sais, on a qu'à dire à Frodon d'y aller avec son anneau, justement j'ai son numéro, je peux lui laisser un SMS : « slt Fro Jette pa ano ds volcan rdv rue dragon urg ».

J'ai mal aux côtes de rire.

– Ah, non, je peux pas lui envoyer ça, il va confondre avec l'autre dragon, celui de Bilbo !

J'en tombe du canapé et je me roule sur le tapis avec des larmes dans les yeux, malgré mon dos qui brûle. Brad continue sur sa lancée :

– Attends, pourquoi on se fait suer ? On prend notre machine à voyager dans le temps, on se téléporte le jour où on a rencontré Huysmans la première fois, on chope Manu direct au grenier et on se casse !

Et là il rigole plus trop, et il ajoute :

– Ouais, c'est ce qu'il faudrait faire, et que rien de tout ça ne soit arrivé.

– Ça serait arrivé quand même, je réponds après avoir repris mon souffle.

– Peut-être, mais pas à nous.

– Ha ha ! Classique erreur de débutant du voyage spatio-temporel ! Les Brad et Alan de maintenant trouveraient le Manu du mois de juillet, mais les Brad,

Alan et Esteban de juillet iraient quand même voir Huysmans...

– Arrête tes conneries...

– Sans compter que t'aurais jamais eu l'idée de chercher Manu dans le passé si ce qui est arrivé après était pas arrivé ! Tu comprends, Marty, nom de Zeus ?

C'est bon, je l'ai déridé, il se remet à rigoler.

– Bon, OK, alors c'était quoi qui était pas con ?

– On pourrait engager un vrai détective !

– Ça y est, tu recommences !

– Non, je blague pas. Regarde.

Je vais chercher l'ordi portable et je le pose sur la table, près de la pyramide en alu. En passant, je vois qu'il est presque l'heure de mon mail, je fais un copier-coller, je change deux mots, et hop c'est parti. J'ouvre le navigateur et je tape « tarif détective » dans Google, et je tombe sur des tas de sites d'agences de détectives privés. Brad hallucine.

– Comment tu connais ça ?

– C'est quand je faisais un exposé sur les mangas, l'année dernière, je cherchais des infos sur détective Conan et je suis tombé là-dessus. Y a plusieurs agences en ville.

Je clique sur une des premières lignes, « Pinkerton Worldwide Consulting & Investigations », et quand je suis sur le site, je clique sur l'onglet « bureaux » et Brad constate par lui-même qu'il y a bien une agence au centre-ville. Par contre, le tarif horaire nous plombe.

– Mille balles par jour, ils s'emmerdent pas ! Même si ça leur prenait qu'une journée, on n'a pas l'argent !

– Faut réfléchir, je dis en faisant tourner la pyramide à distance, machinalement.

– Tu veux me foutre la honte ou quoi ? rouspète Brad.

– Pardon, je l'ai pas fait exprès !

– C'est encore pire !

– Allez, ça va. Tu vas y arriver. C'est qu'une question de temps.

– Avec une andouille qui passe son temps à me déranger, ça m'étonnerait !

– Ça va, je te dis, j'ai compris. Essaye plutôt de réfléchir à comment on pourrait se faire de l'argent.

– On n'a qu'à attaquer une banque, on demande à Hulk de péter la porte blindée et…

– Je suis sérieux, là ! Il doit y avoir moyen d'utiliser la TK ou la télépathie pour se faire du blé.

– Ou le truc de Huysmans.

– Ça a pas marché pour l'instant.

– Ouais, mais c'était pas un besoin vital. Tu te souviens de ce qu'il a dit, il aurait pu jouer à la loterie, c'est plus qu'il voulait pas.

– On va pas jouer à la loterie, déjà y a pas de tirage avant la semaine prochaine, et faut être majeur.

– Le poker ! T'as qu'à jouer au poker ! Comme ça, tu peux lire dans les pensées des autres joueurs !

– Tu connais des endroits où on joue pour de l'argent, toi ?

– Et les trucs à gratter qu'on vend dans les bureaux de tabac, c'est bien ça ! Avec le truc de Huysmans…

– Si ça marche !

– Si ça marche, on peut peut-être détecter les tickets gagnants !

– C'est aussi interdit à la vente pour les mineurs, j'ai voulu en acheter pour un anniversaire, c'est ma mère qui a dû payer.

– C'est un casse-tête, ce truc! On va quand même pas voler!

– Même si on voulait, je vois pas comment on pourrait s'y prendre. C'est pas en faisant bouger une balle de ping-pong ou en faisant claquer un écran de téléphone... Attends! Je repense au truc des jeux à gratter...

– Et?

– On pourrait demander à un adulte de les acheter à notre place!

– Ouais, mais après c'est lui qui aurait l'argent, et s'il veut pas nous le donner?

– Faut trouver quelqu'un de confiance.

. 22

Avec Brad on fait la liste de tous les adultes du quartier – à part nos parents – à qui on pourrait demander d'acheter des jeux à gratter pour nous. Je pense à ce gars qu'on appelle Bozo, c'est un type super sympa qui a trois ans de plus que nous, ses parents habitent pas loin de chez moi, et il a toujours été un genre de protecteur pour moi. Quand le gros con de Bug s'en prenait à moi ou aux copains, il prenait notre défense, et dans le bus c'était le seul des grands qui nous évitait pas. Il était marrant, il avait une grosse tignasse à la Jimi Hendrix, mais en blond. Maintenant, il est à la fac, mais pendant les vacances, il est peut-être chez ses parents. Brad le connaît pas, vu qu'il était déjà au lycée quand il a emménagé dans le quartier, mais comme c'est la seule personne que je juge assez fiable, il est d'accord.

J'espère vraiment que Bozo est dans les parages parce qu'il y a pas de solution de rechange. Je prépare dans ma tête ce que je lui dirai s'il est là, qu'on veut se payer une batterie pour notre groupe – il doit pas être au courant qu'on a arrêté – et qu'on a pas trouvé mieux que d'acheter des jeux à gratter pour avoir assez de pognon, mais qu'on a besoin d'un adulte pour les acheter et pour toucher l'argent si on gagne. C'est ce que j'ai trouvé de plus plausible. J'espère qu'il est là ! J'espère qu'il est là ! Je peux pas m'empêcher de me dire ça. Avant de me coucher, j'ai lu le message qu'Esteban a envoyé pendant que je me brossais les dents : « pas encore ça. gros câlin ».

24 août.

Huit heures. Quand je sors de ma chambre, Brad revient de la cuisine. Ça sent le thon. Je lui dis que c'est pas mal, une douche de temps en temps, il hausse les épaules, mais comme c'est moi le maître de la TK, il va dans la salle de bains. Je prends un verre de jus d'orange et une gaufrette, et j'écris un petit mot que je laisse devant la pyramide avant de sortir. « Pense à rien. Vide. Ça va marcher. »

Il est un peu trop tôt pour espérer voir Bozo, c'est pas le genre à se lever avant midi pendant les vacances, alors je fais un tour à vélo vers chez Manu, et ensuite je vais au supermarché. Dans la galerie marchande, il y a une boutique avec des distributeurs de jeux à gratter, c'est le moment de me tester.

Dès que le rideau se lève, je fonce sur les distributeurs de « Jeux instantanés » comme il y a marqué sur l'enseigne. Je compte dix-sept types de jeux, répartis sur quatre distributeurs. Pour chaque jeu, on peut choisir entre cinq et dix tickets, en tout il y en a dans les cent cinquante. Ça coûte un, deux, cinq ou dix balles, et ça en rapporte mille pour les plus petits et jusqu'à cinq cent mille pour les gros! Normalement, j'ai pas le droit de jouer, mais il y a personne pour surveiller, juste une dame derrière le guichet de paiement. Je change un billet de vingt en pièces et je m'approche du distributeur le plus éloigné du guichet, et je me cache derrière. J'ai le choix entre le Bingo – tu grattes la case argentée, tu empoches la somme marquée –, le Tic-Tac – neuf cases, faut en gratter trois et si elles sont identiques, c'est gagné –, l'Horoscope, le Penalty, le Cash-Cash, c'est tout à peu près sur le même principe. Je jette un coup d'œil vers le guichet, la dame me regarde en fronçant les sourcils, il faut que je me grouille! Je sais pas trop comment faire. Je pose le doigt sur une des petites vitrines où on voit les tickets à choisir, et je me pose la question: «Est-ce que c'est un gagnant?» Pas de réponse. Pas de signe. Rien. La dame m'appelle:

– Jeune homme! S'il vous plaît, jeune homme!

Je fais semblant de pas entendre, et je pose mon doigt sur une autre vitrine. Je me pose la question. La dame insiste, et moi je continue à l'ignorer. Pas de réponse. Rien. J'entends que la dame parle à quelqu'un. Je change de vitrine. Question. Rien. Nouvelle vitrine. J'entends quelqu'un qui appelle dans le couloir derrière moi, je me retourne, c'est un agent de sécurité qui arrive à grands pas. J'ai encore le temps de faire une vitrine. Un Penalty. Question. L'agent de sécurité me met la main sur l'épaule.

– Monsieur, s'il vous plaît!

Je me retourne avec un grand sourire.

– Monsieur, s'il vous plaît, est-ce que vous êtes majeur ?

Je secoue la tête, en souriant toujours comme un gros nigaud.

– Vous n'avez pas le droit d'utiliser ce distributeur si vous êtes mineur.

Pas moyen d'arrêter de rigoler. Le gars commence à croire que je me paye sa tête.

– Monsieur, circulez, s'il vous plaît !

Et il me pousse pour que je sorte de la boutique. Je m'éloigne comme sur un nuage, avec mes pièces dans la main et mon index toujours tendu.

J'ai cligné des yeux !

. 23

Encore trop tôt pour aller déranger Bozo, alors je vais m'asseoir à une table du snack de la galerie. J'en reviens pas de ce clignement d'yeux, c'était… magique! Maintenant, il reste plus qu'à confirmer que ça le fait bien. Le serveur m'appelle depuis le comptoir :

– Monsieur ? Vous voulez commander ?

Je me tourne vers lui pour demander un café, technique classique pour taper l'incruste, et là, j'hallucine : le serveur, c'est Bozo ! Il a coupé ses cheveux et il a un petit calot dessus, ça lui change pas mal le look.

– Bozo ? Qu'est-ce que tu fais là ?

Il contourne le comptoir et vient me voir, et il me serre la main hyper chaleureusement.

– Alan ! Ça fait une paye que je t'ai pas vu ! Comment tu vas ? Et ta mère ? Et les jumeaux ?

– Bien, bien ! Tout le monde va bien !

– Cool ! Et tes potes, Manu, Esteban ?

– Nickel aussi !

– Tu vas rentrer au lycée, c'est cette année ?

– Ouais, c'est ça.

– Tu vas voir, ça va bien se passer, c'est hyper cool le lycée. T'as choisi quoi comme option ?

– Cinéma, enfin audiovisuel, et développement Web.

– Ah ? C'est nouveau, le Web.

– Ouais, c'est la première année qu'ils le proposent.

– Excellent ! Si tu veux, je pourrai te filer des tuyaux, je touche pas mal ma bille là-dedans.

– Ça serait super !

– Quand tu veux ! Bon, c'est cool de t'avoir causé, mais faut que je reprenne mon poste. Tu veux boire un truc ? Je te l'offre.

– Euh, ouais, je veux bien un jus d'orange, mais en fait, je voulais te demander autre chose.

– Vas-y, demande ! Tu veux un truc à bouffer ?

– Non, non, ça a rien à voir. En fait, je voulais aller chez toi, je m'attendais pas à te trouver ici.

– Ouais, ça craint, hein ? J'ai besoin de flouze pour payer mes études dans l'école où je veux aller, alors cette année, pas de vacances, boulot, boulot !

– Non, c'est pas ce que je voulais dire... Tu finis à quelle heure ?

– Deux heures. Mais on peut causer maintenant, je dois juste rester derrière mon comptoir. T'as qu'à t'asseoir sur un tabouret.

– OK.

Bozo me sert du jus d'orange frais dans un gobelet, et après il s'occupe d'un client qui veut un panini à emporter. Quand le client est parti, il s'accoude à sa vitrine et me demande ce qu'il peut faire pour moi. Il est comme ça, Bozo, c'est le gars en or ! Je lui raconte la petite histoire que j'ai mise au point sur la batterie pour notre groupe, et je sens qu'il trouve que c'est une idée zarbi de compter sur les jeux à gratter pour se faire du blé, mais il y a pas de problème pour qu'il prenne les jeux à notre place, et on convient que je repasse vers deux heures, quand il aura fini son service. Avant que je parte, il me demande quand même de combien on a besoin, je lui réponds trois mille, il lâche un petit sifflement.

– Trois mille ! Ça doit être une sacrée bestiole ! C'est pour faire du *speed* ?

– C'est la même que Lars Ulrich, une grosse Tama, avec des bonnes cymbales, un double *kick* Iron Cobra, et il faut aussi les micros, tout ça…

– Je pensais que t'étais plus branché pop-rock.

– Je me suis mis au *shredding*, ça déchire tout !

– Faudra que tu me fasses écouter ça !

– Pas de problème ! Bon, à t'à l'heure !

– Ouais, à plus !

Je suis un peu honteux de tout ce baratin, surtout avec Bozo, et en plus, il a à mort besoin de thunes et je suis là avec mon histoire de batterie, trop nul ! Bon, ça sert à rien de se donner mauvaise conscience. J'ai quelques heures devant moi avant l'opération grattage, autant les utiliser de manière intelligente. Si le clignement d'yeux de tout à l'heure se révèle être un *fake*, je dois réfléchir à un plan de rechange pour rassembler de l'argent. Déjà, je me dis qu'il serait sage de pas dépenser tout ce que j'ai. La moitié devrait suffire si ça marche, et si ça foire il me restera dans les cent boules. Ça me paraît sage. Après, dans les trucs sûrs, il y a la télépathie et mes petits pouvoirs de TK, et je peux compter sur Bozo pour me filer un coup de main. Je me rends au petit cybercafé à l'autre bout de la galerie, je m'installe sur un poste et je commence à surfer pour essayer de trouver une idée. Je vais voir la réglementation des casinos : interdit aux mineurs, même accompagnés, même s'ils jouent pas. C'est *dead*. Je repense à l'idée du poker. Les parties privées avec du fric, c'est illégal. Il reste le poker en ligne, je suis à peu près sûr de pas pouvoir lire les pensées d'un adversaire connecté, mais j'ai pas grand-chose à perdre à tenter le coup. Manque de bol, il faut télécharger un logiciel, même rien que pour essayer, donc il faut que je me connecte depuis chez moi.

J'ai beau chercher, il y a pas d'autres jeux où la télépathie soit un avantage, parce que le hasard je peux pas le contrôler, et avec la TK, je vois pas quoi faire de rentable.

Enfin rien qui soit légal.

Juste à côté du cybercafé, il y a un distributeur de billets que je peux voir depuis mon poste... Non, je peux pas faire ça...

Hum... Il y a une femme, genre Cruella, pantalon de cuir, gros maquillage, une tonne de bracelets, hyper vulgaire quoi, qui vient de s'arrêter devant le distributeur et qui fouille dans son sac à main.

Bon.

Pour l'instant, je fais rien de mal.

J'essaye de diriger ma concentration vers elle, et j'obtiens des trucs, je vois des fringues, des godasses à talons hauts, c'est un peu fouillis. Quand elle insère sa carte de crédit dans la machine, j'ai un bout de l'écran qui apparaît, tout flou, avec le logo de la banque, elle appuie sur un bouton, et là j'ai quatre chiffres qui se mettent à briller dans ma tête ! La femme se retourne brusquement comme si elle avait senti quelque chose. Faut que je fasse gaffe, ça passe dans les deux sens, ce truc. Je tourne la tête vers mon écran, de toute façon, je suis trop loin pour qu'elle s'imagine que je matais son code, mais il vaut mieux être prudent, j'aimerais pas avoir encore cet agent de sécurité sur le dos.

Voilà, je suis bien avancé, maintenant ! Je vais quand même pas lui chourer sa carte bancaire ! Ça pue le côté obscur, ce truc. Il faut que je prenne l'air, je commence à partir en *live*.

Je prends une bonne inspiration dès que j'ai quitté la galerie commerciale, et je repars sur mon biclou. Encore deux heures à tirer. Je roule dans la direction de chez Manu sans vraiment y penser. Je laisse mon vélo au même endroit que quand on y est allés avec Esteban, et je me rapproche discrètos de la maison, l'air de rien. Un coup d'œil aux alentours pour vérifier qu'il y a pas de voisins qui regardent, et j'escalade la palissade pour passer dans le jardin. Les grands volets de la salle à manger sont bien fermés, Esteban doit être devant sa pyramide. Je m'assieds dos aux volets et j'essaye de me connecter par la pensée, mais en faisant bien gaffe de rien projeter dans sa tête. Je vois la pyramide, très loin, floue, complètement à droite dans mon esprit, et tout le reste est noir. Aucun mouvement. Il doit tenter le coup de la regarder en la laissant au bord de son champ de vision. C'est ce que je faisais quand mamie a sonné et que j'ai chopé le truc. Il faut que je lui fasse une surprise ! Si je cogne sur le volet en criant « Police ! », ça devrait le faire. Mais s'il y a des voisins aux alentours, ils vont entendre. Je pourrais aller sonner. Mais finalement, j'ai une meilleure idée : je vais balancer un truc dans son esprit ! Il me faut une image bien *trash* qui casse sa concentration, un *shoot* de panique. Je m'éloigne de la maison pour réfléchir sans risquer de me faire repérer, je m'allonge dans l'herbe et je fouille dans mon cerveau, à la recherche d'un truc pour surprendre Esteban.

Quand j'avais huit ans, on avait regardé ce dessin animé de Disney en classe, *Fantasia*, un bizarre film avec plein de musique classique et des dinosaures qui se castagnent, des volcans qui explosent, des centaures, des dieux grecs, des hippopotames qui dansent avec des autruches, enfin je sais pas ce qu'il avait fumé avant de faire son film, Disney, mais ça délirait grave. Il y avait juste un bout sympa avec Mickey qui fait de la magie avec des balais qui portent des seaux pour faire le ménage à sa place, c'est hyper connu, et après il contrôle plus rien, les balais se multiplient et c'est le foutoir, ça c'était bien. Mais à la fin du film, il y avait une partie avec des sorcières qui invoquent le diable, des squelettes qui sortent des tombes, des monstres qui dansent, le diable qui jette des gens dans un volcan, ça m'avait terrifié. La nuit après ça, j'avais fait des cauchemars, et encore les nuits suivantes. J'avais même été somnambule, ma mère m'avait retrouvé dans la cuisine en train de casser des assiettes ! Ça a mis plusieurs jours avant de se calmer. Enfin, voilà, moi, si on voulait me faire paniquer, ce diable de *Fantasia* ça le ferait bien. Même maintenant. Esteban, ça lui avait rien fait, ce film. En fait, je crois bien qu'il a peur de rien du tout ! Ni des araignées, ni des clowns, ni des serpents, ni des aliens, il peut regarder des films gore en rigolant, les pires films de zombies, je me souviens, il y a deux ou trois ans, on avait réussi à mater en douce un truc avec des vampires vraiment horribles qui massacraient tout le monde dans un village en Alaska – méga idée ! ils profitaient du mois où il y a pas de soleil – avec Manu, on en menait pas large, mais lui, il était cool. Il y avait juste à la fin, quand le héros et sa copine se roulent une pelle, qu'il s'était caché les yeux. Il peut voir une éventration sans broncher, mais un bisou, c'est pas possible.

Un bisou ! C'est ça le truc qui peut le faire flipper ! Une fille !

. 24

Comme avec les potes on n'a pas de copines, j'entends des fois le père d'Esteban ou celui de Brad ou le beau-père de Manu qui font des réflexions, genre ils demandent s'il y a des jolies filles dans notre classe, s'il y en a qui nous plaisent. Je me dis que c'est cool que mon père soit pas à la maison si c'est pour entendre des conneries pareilles. Ils doivent se demander si on est normaux. À mon avis, ils étaient comme nous à notre âge. Et si ça se trouve c'étaient leurs pères qui leur posaient ce genre de questions débiles. Moi, ce que je vois, c'est que les gars qui sortent avec des filles, ils sont transformés en légumes, ils deviennent chiants, et ils friment comme des malades.

Bon dans notre classe, il y a trois filles qui sont pas mal, je dois l'admettre. Il y a Luki – en fait, c'est Lucie mais depuis une blague tout le monde l'appelle comme ça au collège, sauf les profs –, Emma B. et Emma D. Quand je dis pas mal, je compte le fait qu'elles sont sympas, qu'elles portent des fringues plutôt cool, et qu'elles ont bon goût question zique. Si Esteban devait choisir entre ces trois-là, je pense pas qu'il prendrait

Luki, qui est plutôt tendance gothique, ni Emma B., qui est peut-être un chouia intello – enfin, pas dans le sens première de la classe méprisante et lèche-bottes, plutôt dans le sens… première de la classe sympa. Emma D. tendant ses lèvres, ça, c'est une vision qui surpasserait *L'Exorciste*, le gros flip des familles. Je visualise son visage en train de sourire, c'est assez facile vu que je l'ai croisée hier à la piscine, je peux même la visualiser en maillot de bain, l'Esteban il va halluciner grave ! Sans trop me forcer, j'imagine ses cils qui papillonnent, sa bouche en smack, même moi, ça commence à me perturber ! Quel talent !

Je retourne près des volets, et je sonde les pensées dans la salle à manger. Pareil que tout à l'heure, sauf que la pyramide est à gauche maintenant. Je reforme dans ma tête cette pulpeuse vision d'Emma en bikini, j'en remplis bien mon esprit et *bam* ! j'envoie. Je mets la dose, en plein milieu de son esprit. J'entends un cri de surprise étouffé, que je comprends pas, ça sonne comme « Robert ». Esteban, il dit pas trop de gros mots, sa mère, elle est hyper stricte là-dessus mais, quand ça lui échappe, c'est des jurons en espagnol de son grand-père qui sortent. Je rigole en silence. Ça, c'est une bonne blague ! Au bout d'un moment, j'entends encore le même mot, mais sur un ton différent, c'est plutôt un cri de joie, cette fois. J'entends des « Wouhou ! » et des « *Yes !* ». Ça sent bon la *win* ! Je peux pas me retenir de crier à travers les volets, en mettant mes mains en porte-voix :

C'est pas bientôt fini ce bordel ?

Dix secondes après Esteban me saute dessus.

¡Joder! C'est toi qu'as fait ça ?

Il est hilare.

On rentre vite dans la maison de Manu pour que personne nous voie.

– T'es vraiment un grand malade ! qu'il me dit.

– Alors, ça a marché ?

– Tu parles, ça a tourné à donf ! Mais j'ai failli avoir une crise cardiaque !

– C'est ça l'amour !

– ¡*Cabron*!

– Reste poli, ou j'le dis à ta mère !

Là, il me saute à nouveau dessus et il me fait une espèce de prise de judo et on rigole comme des tarés. Après on va à la salle à manger et il me montre : ça tourne carrément mieux que moi la première fois, et en plus, en ma présence. Il est doué ! Je vais chercher une balle de ping-pong et je la pose sur la table, elle roule direct ! On se met chacun d'un côté de la table, on se la renvoie cinq ou six fois et, à un moment, elle tombe et on l'arrête en plein vol, et sans se le dire on la fait remonter ! Ça nous surprend tellement qu'on lâche la concentration et qu'elle tombe sur le tapis. Je remets la balle sur la table.

– Essaye tout seul, pour voir !

Il la fait rouler jusqu'à ce qu'elle tombe, il l'arrête à nouveau pendant quelques secondes et il grogne :

– Ça veut pas remonter !

Je me concentre dessus et là on y arrive, et même on la colle au plafond. Trop fort ! On peut cumuler nos forces ! Esteban se jette dans le canapé.

– Je suis naze !

– C'est normal, ça pompe plein d'énergie au début, je lui réponds.

– C'est génial, purée, c'est génial !

– J'avoue, ça assure trop !

On reste là, tout contents, c'est tellement énorme qu'il y a rien à ajouter.

– Et Brad, comment ça va ?

– C'est pas très brillant jusque-là. J'ai essayé de lui faire le même coup…

– Avec une fille ?

– Non, j'ai juste sonné pendant qu'il se concentrait, mais ça a rien donné à part qu'il s'est cassé la gueule de sa chaise. C'était hier, remarque, alors peut-être qu'aujourd'hui… Mais surtout faut que je te dise ce qui m'est arrivé en ville.

Je lui raconte toute l'histoire : le déguisement, la rue du Dragon, la voix. Contrairement à Brad, il fait pas de remarques et il m'engueule pas. Mais bon, il est sur son petit nuage. Après, je lui parle du plan détective, et du pognon à trouver, des jeux à gratter et du clignement d'œil, de Bozo, de tout ça, quoi. Pendant que je cause, je vois ses paupières qui se ferment et il s'endort. Il doit être complètement cramé, ce que je comprends. Je me faufile en dehors de la maison et je vais reprendre mon vélo. J'ai encore un peu de temps avant de retourner voir Bozo et, tout à coup, moi aussi, je commence à comater. Je résiste mieux qu'Esteban, mais la TK me demande quand même de l'énergie, alors je roule jusqu'au parc, je trouve un coin posé à l'ombre et je m'offre un petit dodo, après avoir réglé l'alarme de mon téléphone sur deux heures moins le quart.

. 25

Radiohead me réveille en douceur, je m'étire, je bâille, j'en avais grave besoin de cette sieste. J'espère que toute cette énergie que j'ai dépensée avec Esteban va pas me manquer quand je devrai détecter les jeux à gratter gagnants. On verra bien.

Je file au supermarché, et j'arrive au snack pile-poil à deux heures. Bozo est en train de nettoyer un truc derrière le comptoir, pendant qu'un autre type avec le même calot sur la tête et le même T-shirt sert un gâteau à une dame. Bozo me fait un signe de la main, il regarde la pendule derrière lui et va dire un truc à son collègue, et il sort par une petite porte derrière le comptoir.

La galerie est pleine de monde, et ça me semble pas plus mal, on se fera moins remarquer. Bozo ressort sans son calot et maintenant il porte un T-shirt Black Sabbath assez cool avec une peinture genre classique qui représente des squelettes en train de massacrer des gens. Je comprends qu'on le laisse pas servir avec ! Il me dit « On y va ? », je fais oui de la tête et on se dirige vers la boutique de jeux. Une fois arrivés, je lui fais signe d'être discret, mais il me fait un grand sourire et il m'entraîne vers le guichet en me tirant par l'épaule, et avant que la dame dise quoi que ce soit il explique que je suis son petit frère et que je voulais lui offrir des jeux à gratter pour son anniversaire et que je regrettais vachement le truc de ce matin. Il est hyper poli et la dame, elle se décontracte. Elle finit même par sourire et elle nous donne l'autorisation de choisir ensemble les tickets. Elle me gronde gentiment :

– Si tu m'avais expliqué, mon petit, j'aurais bien compris.

Fortiche, le Bozo.

– Tu vois, Alan, il faut parler aux gens, c'est toujours une bonne solution.

– C'est facile pour un adulte, mais nous, on est toujours suspects de préparer une connerie !

– Ce qui était pas faux, tu voulais faire un truc interdit ce matin, non ? Bon ! Passe-moi tes ronds et dis-moi ce que je prends.

J'ai décidé de pas prendre que des tickets gagnants, pour que Bozo croie que c'est vraiment du hasard. J'indique en premier le ticket de Penalty que j'ai repéré ce matin, et puis je passe mon doigt sur les vitrines, l'air de rien mais, en fait, je me pose la question et j'essaye d'être bien concentré. Je cligne des yeux en passant sur un Galaxy avec des planètes à gratter, et je fais signe à Bozo de le prendre. J'espère que je suis pas juste en train de me la raconter.

Je sélectionne d'autres tickets au hasard et Bozo les achète. Quand il a plus d'argent, je lui tends un billet de vingt pour qu'il fasse de la monnaie, et pendant ce temps-là, je change de distributeur. Au début, je trouve rien, c'est vraiment de l'arnaque, ces jeux! Je dois en survoler au moins quarante avant que mes yeux clignent devant un Trèfle – faut gratter les quatre feuilles. Donc, quand Bozo revient, je prends celui-là et encore d'autres au pif, jusqu'à ce qu'il soit à court de pièces. Je lui tends un billet de cinquante pour le change, il soupire alors je dis « C'est le dernier! » et je vais sur le troisième distributeur. Là, c'est des jeux plus chers, mais il y en a pas plus de gagnants. Quand Bozo revient, j'ai rien trouvé, alors je lui dis de prendre un Las Vegas et un Mine de Diamants, et je passe au quatrième distributeur. Dans les premiers, je tombe sur un Hold-Up qui semble bon, mais après plus rien. Une fois que Bozo l'a pris, il reste encore des pièces, alors je retourne sur toutes les vitrines des tickets qu'on a achetés, parce qu'il y en a d'autres à leur place, et je refais le truc. Bozo me regarde, il a plutôt l'air amusé, et ça prouve encore son côté cool, parce que si on me faisait ce coup-là, je crois bien que moi, ça me gonflerait assez vite. Je trouve un Jour de Paie mais, après c'est tout, et je propose à Bozo de finir la monnaie où il veut.

Au final j'ai une vingtaine de tickets et comme c'est Bozo qui doit encaisser les gains, on se trouve un coin tranquille chez le glacier – c'est un pote à Bozo – et on commence à gratter, chacun à son tour. J'ai mis des jeux perdants sur le dessus de la pile. C'est Bozo qui commence, avec un Bingo, il gratte les cases avec un médiator que je lui ai passé, et il se met à beugler :

– Dix balles ! Nickel !

Je suis vert. Je me rassure en me disant que je suis peut-être passé à côté de cette vitrine-là. Je gratte un

Bellagio : perdu. Bozo fait un Horoscope : perdu. À mon tour, je prends un Cash-Cash, je gratte les cases sur les billets, et je lis « Gains : 20 ». Bozo se marre.

– Trente balles en quatre tickets, ça fait une bonne moyenne ! Si on continue comme ça, tu vas peut-être même récupérer ta mise !

J'ai moyennement envie de rire. Celui-là de ticket, je suis sûr de l'avoir testé ! J'ai la haine, ça marche pas ! Bozo gratte un autre jeu perdant.

– Ah ! Les probabilités baissent !

C'est le tour du Penalty de ce matin. Je gratte le premier ballon sans conviction. Dessous il y a un dix. Deuxième ballon, mille. Troisième, vingt-cinq. Il y a en tout six ballons, et si on trouve deux numéros identiques on gagne la somme. Quatrième : cinq cents. Cinquième : deux mille. J'hésite avant de découvrir le sixième numéro. Bozo se penche pour mieux voir. Il sent que je suis tendu à mort.

– Alors ! Vas-y !

Je gratte un peu au milieu du ballon et je vois apparaître un zéro et le bout d'un autre zéro. Je gratte vers la gauche, il y a un deux. Deux cents. Dégoûté. Bozo me presse :

– Allez, gratte !

Et je gratte le reste du zéro de droite. Il y a encore un zéro ! Bozo fait un bond sur sa chaise.

– Deux mille ! Bordel ! T'as gagné deux mille balles !

Il en revient pas, et moi non plus. Deux mille balles, c'est la somme maximale qu'on peut gagner avec un Penalty. Bozo est fou, il prend le ticket pour vérifier qu'il rêve pas, il tape des pieds. Moi je suis assez calme. Je réfléchis. Quand j'ai demandé des jeux gagnants, je pensais « pas perdants », je voulais pas forcément dire « gagnants de la somme maximale », mais si ça se trouve…

On va vérifier tout de suite, parce que Bozo commence à gratter une des feuilles du Trèfle, gain maximal : mille. Première feuille : dix ; deuxième : mille ; troisième : mille. La vache ! Bozo hurle tellement que son pote vient voir ce qui se passe, il lui montre le ticket et l'autre le félicite d'une tape dans le dos, et il s'assied avec nous. Ils me regardent tous les deux, impatients de voir le jeu suivant. Ça me soûle que ce type soit là, mais je peux pas lui dire de se casser, ça ferait trop bizarre. Je gratte un ticket perdant, et Bozo en prend un autre aussitôt. Pendant qu'il découvre les cases de son Grand-Huit, je fais semblant de compter les tickets restants pour pouvoir zieuter les gains des trois autres gagnants. Jour de Paie, c'est cinq cents balles par mois pendant un an ou six mille d'un coup, le Galaxy, c'est trois mille. Le ticket du Hold-Up est tout en dessous de la pile, je l'examine et je lis « GAGNEZ DE 5 À 500 000 » ! Un demi-million !

Je commence à paniquer grave, je sens de la sueur dégouliner dans mon dos. Je refais la pile en m'arrangeant pour que le Jour de Paie tombe sur Bozo. Son Grand-Huit a rien donné, et j'en gratte un autre, perdant pareil. Après, il gagne dix balles avec un nouveau Penalty, je perds sur un Flower Power, lui aussi sur un Cash-Cash, moi à nouveau sur un Grand-Huit, et là il commence à gratter les cases du Jour de Paie, et quand ils se rendent compte que c'est gagné ils se sautent dans les bras l'un de l'autre et j'en profite pour mettre le Hold-Up dans ma poche.

Bozo et son pote font tellement de bruit qu'il commence à y avoir du monde qui s'approche, mais heureusement, il y a un client et on se retrouve tranquilles tous les deux. Il reste quatre jeux, apparemment Bozo a pas remarqué que j'ai subtilisé le dernier. Le suivant c'est encore un Jour de Paie que j'avais pas vu, mais forcément il doit être perdant, et il l'est. Dans les trois derniers, il y a encore le Galaxy, ça va vraiment commencer à paraître louche de gagner autant, alors je ramasse tous les tickets et je dis à Bozo qu'il faut qu'on se casse et je me lève. Il me rattrape dans la galerie.

– Eh ! Alan ! Qu'est-ce qu'il y a ?

– Viens, il faut que je te dise un truc, dehors.

Je presse le pas, je descends l'Escalator à toute blinde et quand on se retrouve au garage à vélos je vérifie qu'il y a personne d'autre que nous.

– Qu'est-ce qui te prend ? T'as un problème ?

– Je sais pas... C'est trop, tout ce pognon, c'est dingue !

– C'est carrément génial, tu veux dire !

– Ouais, mais ça me fait flipper !

– Tu t'es fait neuf cents fois ta mise et tu flippes ? Tu tournes pas rond, gars !

– C'est tellement, tellement... Je sais pas quoi dire !

– Dis merci ! Tu vas pouvoir t'en payer trois, de batteries !

J'ai hyper envie de lui raconter toute l'histoire, ça me soulagerait d'arrêter de le mener en bateau mais, en même temps, je veux pas le mêler à ça. Je pensais que si ça marchait, je récolterais assez de fric pour payer un détective, mais pas une fortune. Je me calme un peu et je reprends mon souffle.

– T'as raison, je suis con, je délire. J'ai ce que je voulais et je suis là à péter un câble.

– C'est sûr que c'est impressionnant, mais c'est que du fric.

– Beaucoup de fric !

– Beaucoup de fric !

Il me donne un petit coup de poing sur l'épaule, et on se met à rigoler.

– Bon, on passe à la caisse, y a ton pognon qui t'attend !

– Ouais. Mais… Est-ce que tu peux y aller sans moi ?

– Pourquoi ?

– Je sais pas, je préfère. Je peux t'attendre ici.

– Comme tu veux.

– Et je trouve que c'est mieux si on prend pas tout ici. Trois tickets gagnants d'un coup, ça arrive jamais ce genre de truc, les gars, ils vont croire que c'est une arnaque.

– Une arnaque ?

– Ouais, enfin, tu vois, je veux pas qu'il y ait d'embrouille. Tu pourrais juste encaisser les gains du Jour de Paie, pour l'instant. Et pour les autres, on verra, c'est pas pressé.

Bozo me regarde d'un air bizarre, en fronçant les sourcils.

– Hum… C'est ton fric, tu fais ce que tu veux. J'ai l'impression que tu me dis pas tout, mais c'est tes oignons ! File le ticket, j'y vais vite fait !

. 26

Je sors le ticket de Hold-Up de ma poche. C'est un gros ticket avec vingt petits coffres numérotés d'un côté, et un gros coffre à cinq chiffres de l'autre, si une des sommes sous les numéros de gauche est la même qu'une de celles du gros coffre, tu gagnes la somme. Je commence par le gros coffre, je trouve cent, cinquante, vingt, cinq cent mille, dix. Ensuite je gratte les petits coffres, il y a de tout, un, cinq, quinze, deux cents, trois cents, etc. Et il y a le cinq cent mille ! Un demi-million ! J'ai un demi-million dans la main ! Enfin, c'est à partager avec Brad, Esteban et Manu. Cent vingt-cinq mille chacun, ça envoie ! Mais ça peut pas être Bozo qui encaisse, faut trouver un autre adulte. Je vois pas comment on pourrait cacher ça à nos parents, surtout qu'on va pas nous payer en liquide, à mon avis, plutôt par chèque ou par virement. Au pire, on a qu'à leur dire qu'on s'est tapé un délire et qu'on a acheté le ticket ensemble. De toute façon, on a pas besoin de tout ce fric pour l'instant.

Bozo redescend en sifflotant et me tend une enveloppe dans laquelle il y a soixante billets de cent.

– Nickel ! T'es trop un pote, Bozo !

– Arrête, c'est rien ! Je suis hyper content pour toi.

J'ai tout ce flouze dans cette enveloppe, et le Hold-Up dans ma poche, sans compter le Penalty, le Trèfle et le Galaxy que j'ai même pas gratté, et lui qui bosse dans ce snack pour payer ses études, ça me fout la honte. Je sors les tickets de ma poche, je prends le Penalty et je lui tends.

– Tiens, c'est pour toi.

– T'es maboul ! C'est deux mille balles, ce ticket !

– Prends-les, t'en as vachement plus besoin que nous, et on a largement ce qu'il nous faut. Je te jure !

Je lui fourre le Penalty dans la main de force. Il le regarde en souriant et il me dit :

– C'est quand même chelou, cette affaire, on dirait qu'on vient de braquer une banque, t'es sûr qu'il y a pas d'embrouille ?

– Zéro embrouille, j'ai pas triché, j'ai juste bien choisi, c'est pas interdit que je sache ?

– Comment ça, choisi ? C'était pas du bol ?

– C'était un peu du bol, et un peu autre chose...

– Autre chose ?

– C'est trop zarbi, c'est un truc mental que j'essayais, un truc que j'ai lu sur Internet...

– Genre divination ?

– Ouais, ce genre-là.

– C'est génial ! Et ça peut s'apprendre ?

– Ça peut se travailler, mais c'est plutôt comme un don, un truc inné.

– Tu me montreras ?

– Ouais, pas de problème. Mais faut que tu promettes de pas en parler.

– Juré !

– Et aussi, le Penalty, trouve quelqu'un d'autre pour l'encaisser, si possible pas de ta famille, faut pas qu'on puisse faire le lien.

– OK.

– Et à un autre guichet.

– T'en fais pas, je pige. Si les gars de la loterie savaient que tu peux deviner les tickets gagnants, ça pourrait être galère.

– Exactement. Bon, faut que j'y aille, c'est vraiment trop cool que tu m'aies aidé, je te revaudrai ça.

– Tu rigoles ! C'est quand tu veux !

On *checke* et Bozo repart vers la galerie et moi je prends mon biclou pour rentrer chez moi. Brad va être fou !

Dehors, le vent s'est levé, et il fait de plus en plus lourd, ça pue l'orage. Je fonce pour pas me faire saucer, mais ça éclate avant que j'atteigne la maison et je suis trempé quand j'arrive à la porte. Pas le temps de préparer une surprise mentale pour Brad ! J'ouvre la porte et je le trouve devant sa pyramide, vu sa tronche, ça a l'air de *looser*. Ça tombe bien que j'aie des bonnes nouvelles.

– Devine qui c'est le beau gosse ? je dis en sortant l'enveloppe avec les biffetons.

– Six mille boules ! Et encore, j'ai pas tout encaissé !

Il prend les billets de cent et il les compte.

– *No way* ! Comment t'as fait ?

– Tu devineras jamais. Bozo travaille dans la galerie, au snack et, du coup, il a acheté les tickets.

– Le bol ! Et ça a marché direct ?

– J'ai fait le truc de Huysmans, avec la question par oui ou non, et j'en ai trouvé cinq.

– Cinq ! Et les six mille boules...

– C'est juste un ticket, mais attends...

Et là, je sors le tas de tickets de ma poche, et je lui tends le Hold-Up. Il se lève d'un bond.

– Cinq cent mille ! Cinq cent mille balles !

– Ça déchire tout, hein !

– Cinq cent mille !

– Ouais, et j'en ai un à mille balles et un autre à trois mille que j'ai même pas encore grattés. Et j'ai filé deux mille balles à Bozo pour le remercier.

– Cinq cent mille balles !

– Ouais, c'est bon, atterris !

Il lui faut un moment pour qu'il arrête de répéter « cinq cent mille » et, pendant ce temps-là, je vais me sécher et mettre des habits secs, et après je lui raconte toute l'histoire en détail. Je lui parle aussi du coup que j'ai fait à Esteban et comment ça a réussi, et les trucs de TK qu'on a faits à deux, et là je sens qu'il fait un peu la gueule, alors j'essaye de le rassurer en lui disant que ça fait que trois jours, mais que si Esteban y est arrivé c'est que Huysmans nous a bien transmis son don à tous les quatre, et il se déride un peu.

– T'as faim ?

– J'ai déjà bouffé ma boîte de thon ce matin. Et j'en ai marre des pommes.

– Je crois que l'orage est passé, on peut aller se chercher une pizza ou autre chose, faut qu'on fête ça.

– Ouais, je peux plus la voir cette pyramide.

– C'est clair. T'as qu'à faire un break, au pire tu reprendras demain. De toute façon, faut qu'on s'occupe du détective privé.

Le sol est tout luisant dehors, mais les nuages sont partis et le vent est retombé, il fait à nouveau grand beau temps. On roule jusqu'à une petite place, c'est là qu'il y a le marché bio du quartier le mercredi. On pose nos vélos contre la camionnette de la *Trattoria Double Six* qui est installée au même endroit depuis des années, et on commande nos pizzas. On se pose sur les tabourets qui sont sous l'auvent en attendant que ça cuise, et on se tape un Coca. Le patron sort ses dés, c'est la tradition : pour chaque pizza achetée, on lance deux dés, et si on fait un double six, c'est gratos ! Ça serait trop fort d'avoir en plus des pizzas gratuites aujourd'hui ! C'est Brad qui commence avec un double deux : raté ! À mon tour : un quatre et un six. Je pourrais faire bouger le dé du quatre, mais ça suffit la truanderie pour aujourd'hui. Quand les pizzas sont cuites et rangées dans leur boîte, je paye et on descend de nos tabourets pour reprendre nos vélos, mais il se remet à flotter comme vache qui pisse, alors on se replanque sous l'auvent et on bouffe là en regardant les gens surpris par la pluie piquer des sprints pour se réfugier sous les platanes, ce qui est une trop mauvaise idée quand il y a de l'orage.

Quand j'étais petit, j'avais à mort la trouille que la foudre tombe sur la maison, alors mon père m'avait appris ce truc pour savoir si l'orage se rapproche ou s'éloigne, de compter les secondes entre le moment où il y un éclair et le moment où on entend le coup de tonnerre, et de multiplier par trois cent quarante mètres – parce que la lumière va vachement plus vite que le son, donc on voit l'éclair avant de l'entendre. Ça me rassurait de savoir que c'était pas trop près même quand ça faisait un boucan terrible, mais quand la distance diminuait je flippais encore plus, je m'imaginais que ça fonçait sur nous.

Il s'arrête enfin de pleuvoir, on met le reste de nos pizzas dans un seul carton et on se rentre pour finir tranquillement à la maison. Je m'installe devant l'ordi et je retourne sur le site de l'agence de détectives pour choper le numéro de téléphone, et tant qu'à faire je note sur un carnet une douzaine d'autres numéros d'agences en ville, des fois que ça réponde pas. Brad s'est remis devant sa pyramide, il est tout voûté sur sa chaise. Il tape dans la pyramide avec la main et il dit :

– Je laisse tomber. J'en ai trop marre, ça me soûle.

– Ça sert à rien de s'énerver, tu reprendras demain comme on a dit.

– Non, je veux dire, j'arrête. J'y crois plus.

– Attends, t'as bien vu que ça marche, y a pas de raison.

– Ouais, ben ça marche pas avec moi.

– T'es fatigué là, laisse-toi le temps. Allez, on va téléphoner depuis une cabine.

On repart direction le bureau de tabac du coin pour acheter une carte de téléphone, et on choisit d'aller jusqu'au collège, il y a une cabine près de l'entrée sud et c'est pas plus mal si c'est pas trop près de chez nous. Je dirais bien à Esteban de se pointer, mais s'il ronfle encore, je veux pas le réveiller.

C'est tout vide près du collège, normal pendant les vacances. On rentre dans la cabine, je mets la carte et je compose le numéro.

– Pinkerton, bonjour !

J'essaye de prendre une voix grave et j'explique à la standardiste de Pinkerton que je veux leur confier une mission de surveillance, mais elle me répond qu'il faut prendre rendez-vous avec un enquêteur pour expliquer la mission, établir un devis et signer un contrat, ou alors elle peut m'envoyer un formulaire par courrier. Je lui dis que je veux rester anonyme et je propose de leur faire parvenir une enveloppe avec du fric, que c'est urgent et que je veux un truc standard à mille balles la journée. Alors là, elle refuse direct, elle dit qu'il y a une procédure, elle me sort tout un baratin, charte de confidentialité et bla-bla-bla et, finalement, comme y a vraiment pas moyen, je fais tant pis et je raccroche. Je suis vert. Brad a tout entendu.

– Bon, c'est mort, de toute façon je la sentais moyen cette idée.

– On peut essayer une autre agence. Pinkerton c'était la plus grosse, les autres doivent être moins chères.

Au pif, j'appelle le cabinet DAC, Détectives Associés Conseil, mais ça répond pas. Ensuite, sur ma liste j'ai R. Charles Détective Privé, je fais le numéro et j'ai une voix grave qui me répond.

– Charles, j'écoute.

– Bonjour, monsieur, je vous appelle pour une enquête. J'ai oublié de camoufler ma voix et Brad me fait des grands signes, mais c'est trop tard.

– Quel genre d'enquête ?

– D'abord, je vous préviens que je veux rester anonyme et que c'est très urgent. Et aussi je voudrais savoir combien c'est la journée.

– Holà ! jeune homme, pas de précipitation ! Pourrais-je savoir pour quelle raison vous désirez conserver l'anonymat ? me demande la voix.

– C'est un peu compliqué...

– J'ai tout mon temps !

Brad me fait signe de raccrocher, mais je trouve le ton de ce gars plutôt amical, alors je me lance.

– En fait, je veux pas qu'on puisse remonter jusqu'à moi si jamais... si jamais...

– Si jamais je me faisais repérer ?

– Ouais, c'est ça.

– Sachez, jeune homme, qu'en soixante ans de carrière une telle chose ne s'est jamais produite.

– Soixante ans ? Mais vous avez quel âge ?

– Mon âge, c'est mon affaire. Revenons plutôt à la vôtre. Expliquez-moi ça en détail.

– Mais... c'est d'accord pour l'anonymat ?

– Ce n'est pas dans mes habitudes, mais c'est possible. Vous devez m'en dire plus.

– Cool ! Enfin, bien. Et concernant les tarifs...

– Laissons cela pour l'instant.

– OK, alors voilà, il y a une personne qui est peut-être en danger, alors on veut, enfin je veux savoir si elle va bien, pour pouvoir essayer de l'aider si elle en a besoin.

– Je vois… Qu'est-ce qui vous empêche de vérifier par vous-même ?

– Ben, justement, cette personne nous a, enfin m'a interdit de m'approcher de chez elle.

– Elle avait peur pour vous ?

– Ouais, elle était menacée et elle voulait pas qu'on se mette en danger.

– Une petite chose, avant de continuer : cette personne est un homme ou une femme ?

– Un homme, pourquoi ?

– Cela élimine immédiatement certaines hypothèses de mon esprit. Continuez, je vous en prie.

– Bref, cette personne, enfin, ce monsieur, nous a dit qu'il fallait pas chercher à le contacter, mais on se fait du souci.

– Vous dites « nous ». Vous êtes donc plusieurs…

– C'est pas important. L'important c'est de savoir s'il va bien.

– J'imagine qu'il est exclu de faire appel aux forces de l'ordre.

– Il nous a dit qu'il y avait quelqu'un d'autre de menacé.

– Un otage ?

– Genre.

– Bigre ! C'est une affaire grave !

– Grave, ouais !

– Vous désirez donc m'engager pour aller vérifier si vos craintes sont fondées.

– Exactement. Et le plus vite possible, parce que ça fait plus d'un mois qu'on est sans nouvelles.

– Je vois… Laissez-moi consulter mon agenda…

– Et au niveau du prix…

– Une seconde, je vous prie... Voilà. Je suis par chance disponible immédiatement.

– Excellent ! Et le prix...

– J'y arrive. Mes honoraires sont variables, en fonction des capacités de mes clients. De combien disposez-vous ?

– Euh... On avait pensé à mille par jour...

– Ça sera amplement suffisant ! Cependant, bien que cela déroge à mes habitudes, je me dois d'exiger un règlement d'avance.

– C'est ce qu'on avait pensé aussi.

– Parfait. Voici la procédure que je suggère : cachez une enveloppe à un endroit qui vous semblera adéquat en ville et appelez-moi pour m'indiquer cet endroit. Cette enveloppe contiendra, outre ledit règlement en liquide, une fiche avec le nom et l'adresse de ce monsieur, et tous les détails que vous jugerez pertinent d'ajouter. Avez-vous une photographie ?

– Non, désolé.

– C'est regrettable. Mais je m'en arrangerai.

– Et on fait comment pour après ?

– Aussitôt mon enquête terminée, je vous ferai mon rapport par téléphone. Le cas échéant, si je dois vous communiquer des photographies ou d'autres documents, je les déposerai au même endroit. Cela vous convient-il ?

– On verra. Quand est-ce qu'on devra vous rappeler pour le rapport ?

– Convenons d'un rendez-vous téléphonique. Pouvez-vous m'appeler demain soir à neuf heures ?

– Pas de problème.

– Pensez-vous pouvoir me déposer l'enveloppe cet après-midi ?

– On s'en occupe tout de suite et on vous prévient dès que c'est fait.

– Alors à tout à l'heure, jeune homme.

– Au revoir, monsieur.

. 27

– Bon ben ça, c'est fait, je dis à Brad en raccrochant.

– Ouais, faut juste un bon spot pour planquer l'enveloppe.

– On trouvera bien. Déjà, on va acheter des enveloppes à la papeterie.

– T'as le pognon ? T'as qu'à te servir de l'enveloppe.

– Nickel !

Je sors l'enveloppe de ma poche et je laisse juste dix billets dedans, et ensuite j'arrache une page de mon carnet et j'écris dessus : « GUSTAVE HUYSMANS - ENVIRON SOIXANTE ANS - CHEVEUX BLANCS - LUNETTES - 1 RUE DU DRAGON – 4È ÉTAGE - RADIESTHÉSISTE - VU POUR LA DERNIÈRE FOIS FIN JUILLET - SE FAISAIT DU SOUCI POUR SA PETITE-FILLE. » Je vois rien d'autre. Brad dit qu'on devrait parler des criminels, alors je rajoute : « FORCÉ PAR DES PERSONNES DANGEREUSES À TROUVER QUELQUE CHOSE - IL AVAIT DÉCIDÉ DE REFUSER. » On relit et on met le papier dans l'enveloppe, et on part pour le centre-ville. En roulant, on discute de l'endroit où il faut cacher l'enveloppe. Ça doit être abrité, si jamais il pleut. Calme. Toujours accessible. Mais quand même un endroit pas trop chelou, ça doit être naturel d'y aller, genre ça peut pas être sur le toit du château.

– Faudrait que ce soit à un endroit où tout le monde pourrait la trouver sauf que personne en a l'idée, fait Brad.

– Ouais, genre dans une boutique de fringues, on trouve le pull le plus horrible, et on cache l'enveloppe sous la pile.

– Même le pull le plus cheume, tu vas toujours trouver quelqu'un pour l'acheter !

– Je sais pas, dans une librairie, dans un livre pourri que personne va acheter.

– Hé ! c'est bon, ça ! Faut trouver un truc qui intéresse personne ! On pourrait aller à la librairie universitaire !

– Rayon mécanique quantique !

– Ou biochimie structurale !

– À donf !

– Attends, y a encore mieux !

– C'est quoi ?

– La médiathèque !

Dans la salle de lecture, je retrouve le petit coin planqué entouré des rayons de vieux bouquins. Brad est scotché.

– J'avoue, ça c'est de la cachette !

– Fais ton choix !

– Hum... Je kiffe bien le truc en deux mille volumes, là en bas, *Annales de législation et jurisprudence*.

– Très bon choix, jeune homme ! Quel tome désirâtes-vous ?

– Voyons, nous appréciâmes fort l'antépénultième, ainsi donc le pénultième conviendra.

Je fais une petite révérence et je sors le bouquin du rayon, il pèse trois tonnes.

Je l'ouvre sur la table et je pose l'enveloppe au milieu, puis je le referme et je le replace dans le rayonnage.

– Fort bien, mon brave, fait Brad, vous envoyâtes !

– Sa Majesté est trop magnanimiteuse ! Voulusse-t-elle qu'on téléphonate ?

– Si fait, si fait, traçons, mon ami.

On continue notre petit délire en sortant de la médiathèque et on descend à pied jusqu'à l'accueil du parking souterrain qui est en dessous, je sais qu'il y a une cabine téléphonique du côté des bornes de paiement, près du distributeur de boissons. Charles répond après une seule sonnerie et je lui dis :

– Dans la salle de lecture de la médiathèque, volume 32 des *Annales de législation et jurisprudence,* c'est au fond à droite.

– Je suis au fait de leur emplacement, il m'arrive fréquemment d'y avoir recours, au cours d'affaires litigieuses.

– Quoi ? Nous on pensait que personne les ouvrait jamais, ça craint !

– Ne vous inquiétez pas, nous ne sommes qu'une poignée dans cette ville à encore les consulter, c'est un excellent choix, *abundans cautela non nocet.*

– Hein ?

– Nous nous reparlerons demain soir, je vous souhaite une excellente soirée.

Et il raccroche.

– C'était quoi qu'il a dit, « coutelas nonoquette » ? fait Brad.

– Je sais pas, un truc en latin, genre *rapido presto*.

– C'est pas du latin, c'est de l'italien.

– Pareil. Bon, on fait quoi maintenant ?

– On pourrait se planquer pour surveiller l'entrée de la médiathèque, qu'on voie à quoi il ressemble.

– Et comment on saurait que c'est lui ?

– Y a pas trente-six pépés qui vont aller à la médiathèque cet aprèm, et encore moins qui vont ressortir trois minutes après.

– Et à quoi ça va nous servir ?

– Je sais pas… L'important, c'est qu'il nous connaisse pas. Imagine c'est un escroc, au moins on connaît sa tronche.

– S'il veut juste nous piquer notre fric, ça changera rien à rien.

– Au pire, si on le croise dans la rue, on saura qui c'est.

– Mouais… mais faut pas qu'il nous repère.

– On a qu'à se poser près du *skatepark*, avec les types qui matent, de là on voit bien tous les gens qui rentrent, et ça m'étonnerait qu'il passe par le parking, il va pas venir en caisse, il habite à cinq minutes.

– Ça roule.

On se prend une canette de Cherry Coke chacun au distributeur, et on fait comme on a dit. C'est gavé de monde mais on se trouve un spot peinard d'où on peut voir les gens qui passent dans l'allée de la médiathèque en faisant semblant de regarder les *skaters* sur la rampe. Il se passe au moins un quart d'heure avant qu'on voie un papy. Il est tout chauve avec une barbiche blanche, et il porte un genre de costard beige, il fait vieux mais il marche pas mal vite et il se tient bien droit. Avec Brad, on se dit que c'est un bon candidat, surtout qu'il repasse dans l'autre sens genre deux minutes après. Donc c'est à ça qu'il ressemble, ce détective. On reste encore un peu pour être sûrs, mais le seul candidat à avoir dans les quatre-vingts balais qui passe dix minutes plus tard, lui, il les fait carrément, il marche tout voûté avec une canne, il a une espèce de béret sur la tête et des bretelles sur une chemise à carreaux, avec le fute qui remonte genre jusque sous les bras.

– J'espère que c'est pas çui-là, je dis à Brad en lui filant un petit coup de coude.

– J'avoue ! Lui, il pourrait même pas monter les marches jusqu'à chez Huysmans.

– Remarque, il ferait bien dans l'ascenseur en bois tout pourri, ils doivent être de la même époque !

On attend quand même de voir s'il ressort, mais au bout d'une demi-heure c'est pas le cas, alors on décide de se tirer et de rentrer chez moi.

Sur la route j'appelle Esteban sur son portable et il me répond d'une voix bien pâteuse.

– Ouais ?

– T'as bien fait dodo, mon chéri ?

– Tu m'as réveillé, connard !

– Oups ! Je pensais que t'avais fini. Je suis avec Brad, on a plein de trucs à te dire, et je me disais, ça sert plus à rien que tu restes chez Manu...

– Ouais.

– Je peux t'amener ton biclou au même endroit que la dernière fois, quand il fera nuit, genre vers neuf heures.

– Ouais. OK.

– Ben t'es pas très causant, mon mignon !

– Va te pendre !

– Allez, à toute !

– Ouais.

Je propose à Brad qu'on se ramène des kebabs-frites pour ce soir, mais comme j'ose pas retourner vers la rue du Dragon il va les chercher tout seul et je l'attends sur le quai, juste là où ce clodo était venu me taper du fric pour sa bière, l'autre jour. Il s'est passé tellement de trucs depuis, j'ai l'impression que c'était il y a un mois ! Quand Manu va rentrer, il va halluciner !

Brad revient avec le manger, ça sent trop bon, c'est hyper dur de se retenir, mais on est hyper forts et on rentre à la maison sans y toucher.

. 28

À neuf heures pile, je suis au bout de la rue et je vois Esteban se glisser par la porte de la maison de Manu, fermer à clé et sortir dans la rue en faisant attention à rester dans l'ombre. Il me rejoint quelques secondes après.

– T'as bien remis l'alarme ? je demande.

– T'as bien mis ton slip ? qu'il me répond.

– J'dis ça, j'dis rien.

– Alors, les tickets, ça a gazé ?

– À donf !

– Mortel ! Tu t'es fait combien ?

– Devine !

– Mille ? Deux mille ? Chais pas, moi !

– Attends, on rentre vite fait, je veux que Brad voie ta tronche quand on te dira.

– Dix mille ? Vingt mille ? Allez, fais péter !

– Patience, jeune homme !

– Insupportable !

Je me marre et Esteban grogne, grand classique.

La maison sent trop bon le *goulprr* quand on rentre, Brad a mis les kebabs au four pour qu'ils refroidissent pas trop. Esteban se déride.

– Qu'est-ce qu'on mange, manman ?

Brad lui saute dessus en rigolant.

– Y a des couilles de thon à la pomme, j'espère que t'as faim, Batman !

On est pétés de rire pendant cinq minutes et puis l'appel du kebab est trop fort et on s'installe dans la cuisine. Esteban a une dalle d'enfer, il a rien bouffé depuis ce matin.

– Ça, c'est carrément le meilleur kebab de ma vie ! qu'il lâche après un gros rot bien crade. Bon, alors, la thune, y a combien ?

– On a pas tout encaissé pour pas que ça paraisse chelou, je lui réponds. Pour l'instant, on a six mille balles, c'est suffisant. Mais j'ai d'autres tickets !

– Combien ? Allez, accouche !

– Un à mille, un a trois mille, et…

Et là, je lui sors le Hold-Up pour qu'il mate par lui-même.

– *¡Joder de joder*!

– Ouais, comme tu dis !

– J'y crois pas !

– Mortel, hein ? Ça nous fait cent vingt-cinq mille chacun !

– Je sais compter, *cabron* ! C'est trop de la balle !

– Je me disais qu'il faut que ça soit nos parents qui l'encaissent, comme ça, y aura pas d'embrouilles.

– Quand ma mère va voir ça, elle va être folle !

– Pareil, fait Brad.

– En même temps, c'est pas non plus des millions,

c'est pas genre le truc qui va changer notre vie, c'est juste de quoi se faire plèze.

– Méga plèze ! Le perds pas !

– T'en fais pas ! Et avec le fric qu'on a déjà, on a engagé un détective privé.

– Un détective ?

– Ouais, je t'en ai causé hier, mais t'étais à moitié dans les vapes.

– Pourquoi faire, un détective privé ?

– Voilà, avant-hier je suis passé rue du Dragon pour jeter un œil...

– Mais t'es complètement con ! Huysmans nous avait interdit !

– Attends ! J'ai fait ça hyper discret, déguisé, avec des lunettes noires, une casquette, même un maillot de foot et des tongs, et je suis juste passé devant l'immeuble avec un groupe de touristes.

– Quand même, c'était débile ! Et t'as pas de maillot de foot !

– J'en ai acheté un exprès.

– J'espère que t'as pris une bonne équipe, au moins.

– Argentine.

– Pas mal. Bon, et après, t'as vu quelqu'un ?

– Non, que dalle, mais j'ai entendu une voix dans ma tête, tu sais, genre comme le truc que je t'ai fait avec la fille.

– La voix de qui ?

– Je sais pas, un mec, mais pas Huysmans. Et il m'a dit « Qui êtes-vous ? »

– T'as dû flipper ta race !

– Grave, ouais !

– Et ?

– Et rien ! J'ai continué à marcher avec les touristes en faisant comme si de rien n'était, et après je me suis tiré.

– C'est tout ?

– Attends, c'est hyper chelou, cette voix ! Ça se trouve, c'est les sales types qui menaçaient Huysmans. C'est sûr, même !

– T'as pas essayé d'y retourner, au moins ?

– T'es fou, j'avais trop les boules, je suis même pas repassé dans le quartier, c'est Brad qui est allé chercher les kebabs.

– Pourquoi Brad ?

Je suis un peu gêné, mais Brad répond à ma place :

– Parce que j'ai zéro pouvoir ! Ni TK ni télépathie, ni au grattage ni au tirage, nibe, walou, que dalle !

On se regarde avec Esteban, je sais pas quoi dire, à part :

– Pas encore ! Ça fait que trois jours que...

– Trois jours que je me prends la tête avec cette foutue pyramide de mes deux, mais pour vous ça a suffi ! De toute façon, je t'ai dit, j'arrête, je lâche l'affaire, j'en ai trop marre.

– Laisse-toi encore un jour, je lui fais. Demain, on a rien d'autre à faire, on essaye à trois. Au pire, on a rien à perdre.

– Ouais, on verra...

– Finalement, c'est pas plus mal, reprend Esteban, sinon on aurait pas eu de kebab !

– Connard !

– Bon, et cette histoire de détective ?

– Ouais, alors, on s'est dit qu'il fallait quand

même savoir s'il y avait pas un blème chez Huysmans, s'il avait pas besoin d'aide, et comme on pouvait pas envoyer les flics, on a pensé à un détective privé.

– Ça existe encore ? Genre Sherlock Holmes et tout ?

– À donf ! Y en a plein, suffit de regarder sur Internet, je te montrerai, enfin bref, on en a trouvé un, Charles qu'il s'appelle, qui voulait bien faire une enquête.

– Vous avez été le voir ?

– Non, non, on a fait ça par téléphone, c'était tout un truc, on a appelé d'une cabine pour pas se faire repérer, et on lui a laissé une enveloppe avec du pognon dans un bouquin à la médiathèque.

– Trop bien ! Et quand est-ce qu'il va s'en occuper ?

– Demain, et on l'appellera à neuf heures du soir pour qu'il nous fasse un compte rendu.

– Tu crois qu'il va trouver quelque chose juste en un jour ?

– On verra bien. Au pire, on a encore assez de fric pour qu'il continue pendant cinq jours.

– Ça coûte mille balles par jour !

– C'est le tarif. En même temps, ça peut être risqué, c'est normal que ça soit un peu reuch.

– Quand même... C'est ça qu'il faut qu'on fasse comme métier !

– J'avoue ! Hé, mais c'est pas con ! En plus, avec nos pouvoirs...

Je regarde encore Brad du coin de l'œil.

– C'est bon ! Ça va ! Vous allez pas faire ça à chaque fois, c'est relou ! Ça a intérêt à marcher demain, parce que je vais pas supporter vos tronches de cake à chaque fois que vous causerez devant moi !

– *Sorry*, gars, t'as raison. Je suis sûr que ça va le faire demain !

– Bon, vous me les montrez, vos foutus pouvoirs de gonzesses ?

29

25 août.

J'émerge le premier un peu avant dix heures, je me fais un bol de céréales et je m'allonge sur le canapé avec mon MP3 sur les oreilles en attendant que les autres se lèvent. Finalement, on a pas trop traîné hier soir, on était tous morts, surtout Esteban. On a fait le coup de la balle de ping-pong à deux, du sol au plafond, on l'a un peu fait rouler sur la table en se la renvoyant, mais assez vite il s'est senti à plat. Alors on s'est pieutés, lui et Brad dans les lits des jumeaux, et moi dans le mien. Comme on était pas spécialement obligés de se lever tôt, on a désactivé les sonneries des réveils et on a roupillé comme des loirs.

Esteban se pointe au bout d'une dizaine de morceaux, il me dit un truc que j'entends pas à cause de la musique, alors j'enlève mon casque.

– Où il est Brad ? qu'il me demande.

– Ben il est pas au pieu ?

– Non, il est pas dans la chambre.

On va voir dans la salle de bains, il y est pas, ni nulle part dans la maison. Dehors, son vélo est plus là. Je l'appelle sur son portable, ça sonne dans le vide.

– Il a coupé son *phone*. Tu crois qu'il s'est barré chez lui ?

– Chais pas, j'le calcule pas, là. S'il voulait pas continuer, il avait qu'à le dire !

– Ouais, il avait l'air assez motivé hier soir.

– Il est chiant ! Qu'est-ce qu'on fait ? On va voir s'il est chez lui ?

– S'il s'est tiré sans rien dire, je crois pas qu'il ait envie de nous voir.

– On peut juste aller vérifier qu'il y est, des fois que.

– Ouais, c'est plus sûr. Et on en profitera pour remettre la clé de la maison dc Manu chez toi.

– OK. Mais d'abord, faut que je bouffe un truc.

Après s'être envoyé deux bols de riz soufflé avec du lait, Esteban va s'habiller dans la chambre des jumeaux, mais il revient dans le salon immédiatement.

– La clé est plus dans mon sac ! Ni le code ! Ni ma pyramide !

– Il veut y arriver tout seul !

– Il aurait pu nous laisser un mot, au moins.

– Tu sais comme il est ! En tout cas, il lâche pas l'affaire, c'est cool.

– N'empêche que ça se fait trop pas.

– C'est clair.

– Bon, ben qu'est-ce qu'on va faire nous alors ?

– T'as envie de faire un peu de TK ?

– Ça marche ! Va chercher la baballe !

– Tu vas voir où je vais te la mettre, la baballe !

On commence par s'asseoir de chaque côté de la table, avec la balle de ping-pong posée pile entre nous ; l'idée, c'est de la pousser l'un vers l'autre, genre comme un bras de fer mental. Déjà, on se rend compte que c'est hyper crevant de faire ça ! La résistance mentale, c'est balèze ! À ce jeu-là, Esteban réussit mieux que moi, et la balle bouge d'un centimètre dans ma direction. Il commence à se la péter, alors je lui remets une photo d'Emma D. dans la tronche et en même temps j'envoie un bon coup dans la balle.

– T'as pas le droit, sale traître !

La balle bondit dans sa direction.

– Tous les coups sont permis à la bataille de l'esprit !

Il attrape la balle avec la main et me l'envoie dans la face, et je lui retourne sans la toucher, comme si j'avais une raquette invisible, et il fait pareil, et on continue comme ça pendant une dizaine d'échanges silencieux, et finalement Esteban envoie une espèce de smash et je me prends la balle sur le front. Ça me fait un petit rond rouge bien cuisant.

– J't'ai défoncé, sale tricheur ! fait Esteban en rigolant.

– Tu veux la bagarre ? Tu vas le sentir le mien de smash !

– Pas cap !

– Tu vas pleurer !

Je ramasse la balle qui a roulé sous la table et je la lance en l'air comme pour un service, et je l'expédie du plus fort que je peux vers Esteban, mais elle a même pas fait vingt centimètres qu'il me la re-smashe encore plus fort, et je me retrouve avec un deuxième rond rouge à côté du premier. Il est écroulé de rire.

– On dirait Toad !
– Purée, t'es vachement plus fort que moi !
– C'est moi le beau gosse !
– Sans dec, j'arrive pas à l'envoyer à cette vitesse !
– C'est parce que t'es un gros naze !
– Tu veux voir des nénés dans ta tête ?
– T'as pas intérêt !
Il me bondit dessus pour me faire un savon, mais je l'esquive et il se vautre sur le tapis, ce qui me permet de lui sauter dessus en lui chopant le cou. Il essaye de se relever, mais il se marre tellement qu'il finit par abandonner.
– C'est bon, t'as gagné, j'me rends !
– Et ne t'avise plus de défier le maître !
On roule chacun de notre côté, et je ramasse la balle.
– Essaye voir de l'écrabouiller.
– Comment je fais ?
– Quand je l'ai fait, c'est parce que j'étais vénère de pas pouvoir la faire décoller, j'avais vraiment envie de la destroyer.
– Vas-y, pose-la par terre.
– Déjà, t'arrives à la faire monter tout seul ?
– Ouais, regarde !
– Trop la classe, moi il faut qu'elle soit en train de rebondir.
– Ouais, mais toi, t'es nul.
– Repose-la en douceur, voilà...
– Et là, je la scrounche !
– Vas-y, un coup sec, la rage !
– Allez !
– Elle t'énerve, elle te nargue !

– Allez, crève, sale balle pourrie !

– Essaye de l'écraser de l'intérieur.

– C'est quoi ce délire, comment tu veux écraser quelque chose de l'intérieur ?

– Je sais pas, mais c'était comme ça quand je l'ai fait, comme si les bords avaient été aspirés vers le centre.

– C'est chelou ton truc.

– Alors essaye de la smasher, comme si tu voulais l'envoyer à la cave.

– Qu'est-ce que tu crois que je fais depuis tout à l'heure ! Allez !

– Laisse tomber, va, elle est plus forte que toi.

– Saleté !

– Je sais, fais-la monter d'un seul coup, et en même temps bloque-la sur le tapis.

– Ah ouais, je sens que ça vient.

– C'est taré, on la voit s'aplatir.

Et là, *SCROUCH* ! la balle est destroy. Et, en plus, elle reste en suspension à un centimètre du sol. Trop fort. Esteban souffle un bon coup, et elle retombe.

– Ça tue, ce truc ! Je suis complètement vidé. On devrait faire des exercices plus faciles.

– Ouais. J'avais pensé à travailler la télépathie, voir si t'arrives à envoyer des trucs dans ma tête.

– Mais si je pense à un truc, de toute façon, tu peux le voir, non ?

– Pas si je bloque !

– Mais si tu bloques, gros malin, comment on saura si j'y arrive ?

– J'y avais pas pensé… Faut qu'on fasse ça avec d'autres gens.

– Genre ?

– Je me suis entraîné sur les gens en terrasse, mais ça, c'est que pour lire dans la tête.

– On a qu'à y aller.

– Je préférerais rester le plus loin possible du centre-ville aujourd'hui, pendant que Charles fait son enquête.

– Y a d'autres terrasses…

– Attends, j'ai une idée, je crois que ça va le faire.

. 30

Encore un truc de papa qui sert à rien mais qui est marrant : il était tombé sur un bouquin de marketing – c'est une science pour faire que les gens achètent plus de trucs, en gros – qui causait de l'influence de la musique d'ambiance dans les magasins, genre tu passes telle musique et les gens ils achètent plus d'un certain truc. En fait, ça paraît évident, si tu balances du *death metal* à l'hyper du coin, tout le monde va se casser en se bouchant les oreilles. Mais c'est vachement plus subtil. Par exemple, si tu passes du classique, ça va plaire aux vieux riches, mais si tu passes de la pop, ça va plaire aux jeunes, et si en plus c'est des morceaux connus, alors tout le monde achète plus – sauf dans les magasins de fringues, ils disent pas pourquoi, c'est comme ça. Le pire, c'est que c'est pas des théories, les gars qui ont fait le bouquin, ils ont testé tout ça dans des vrais magasins, avec des vrais gens pas prévenus. Ils se sont rendu compte que les gens avaient tendance à marcher au même rythme que la musique, donc si c'est blindé de monde et que tu veux que les clients fassent leurs courses plus vite, y a qu'à passer un truc plus rapide. Si tu veux qu'ils restent plus longtemps, tu baisses le volume, ça fait paraître le temps moins long que si c'est fort. Si t'es dans un magasin qui vend des trucs chers, faut mettre du classique, mais dans un discount, c'est la variétoche qui le fait le mieux. Plus fort, imagine que tu passes une chanson en italien, direct ça achète plus de pizzas et de mozzarella et tous les trucs italiens ! Moi, tout ça, ça me paraissait un peu débile, mais je me suis mis à faire attention, à regarder comment les gens réagissaient à la musique, et c'était trop marrant. Bon, de là à leur faire acheter n'importe quoi, je sais pas si c'est vraiment hyper efficace... Ce qu'il leur faudrait aux patrons de magasins, c'est la télépathie !

Avec Esteban, on cherche le rayon qu'il nous faut un bon moment. On s'installe aux DVD parce que ça nous cause. Ils sont rangés par genre, dans des espèces de cases pour qu'on voie bien la pochette, du coup on se dit que quelqu'un qui aurait envie d'acheter un film d'action, par exemple, on pourrait lui mettre l'image du DVD dans la tête pour voir si ça l'influence. Pareil dans l'autre sens, Esteban essaierait de capter ce que pensent les clients. Pour tester, c'est moi qui commence. Il y a un type genre quarante balais qui s'arrête devant le rayon fantastique/science-fiction avec son chariot. Je sonde un peu ce qu'il pense, mais ça me renvoie une succession de DVD, c'est juste ce qu'il regarde. Déjà, il a rien de précis en tête. Au début, je pense lui coller *Blade Runner*, mais s'il cherche un truc pour ses gosses, c'est gommette rouge. *Star Wars*, s'il a des gosses, il doit déjà avoir la collec... Les super-héros, pareil. Finalement j'opte pour un truc pas connu, mais qu'on peut voir à onze ans selon mon père, ça s'appelle *Enemy Mine* et c'est l'histoire d'un pilote de vaisseau spatial qui se retrouve coincé avec un extraterrestre ennemi sur une planète désertique, au début ils se bagarrent, et après ils apprennent à vivre ensemble, c'était assez chouette dans l'ensemble, même si les effets spéciaux datent – les rayons laser tout pourris ! – et qu'il y a des passages un peu cucus. Je me concentre sur l'image du DVD et je l'envoie vers le gars. Il se met à balayer le rayon du regard jusqu'à ce qu'il tombe dessus et il le prend direct. Il le regarde comme s'il avait trouvé la perle rare, il a l'air tout content et il le met dans son Caddie.

– Bon, ça le fait, à toi.

On attend qu'un nouveau cobaye se pointe. C'est un mec assez jeune, il se plante devant le rayon action/policier. Esteban s'y connaît pas aussi bien que moi en cinoche, mais là ça devrait aller, y a de quoi faire. Il a l'air hyper concentré. Au bout d'un moment, il me chuchote :

– Je capte rien de rien !

– Essaye de projeter un truc !

Il plisse les yeux et il fronce les sourcils, j'espère qu'il va pas lui écraser la tête ! Dans le supermarché, la musique change. Jusque-là, c'était une espèce d'*easy-listening* mollasson, et maintenant c'est *Live and Let Die* des Wings. Le gars se décide, il prend le dernier James Bond et s'en va.

– Un James Bond, c'est ça que tu lui as fait prendre ?

– Non, je voulais qu'il prenne un *Die Hard* ! Ça marche que dalle, j'y arrive pas !

– T'emballe pas, c'était peut-être pas une bonne idée les DVD, c'est pas assez neutre, les goûts des gens, c'est pas facile… En plus, t'entends la musique qui passe ?

– Ouais, c'est un vieux machin des Beatles.

– De Paul McCartney, espèce de tache ! Surtout, c'est la musique d'un James Bond.

– Et alors ?

– Ben entre le fait que les James Bond y en a au moins trente, c'est genre la moitié du rayon, et en plus la musique, et si ça se trouve le gars il voulait un James Bond à la base… J'veux dire, c'est coton.

– Ouais, mais tu l'as bien fait toi !

– Mais c'est parce que je suis un *boss*, et que toi t'es une crotte !

– Pauv' connard !

– Allez, on trace dans un autre rayon.

On repasse le magasin en revue, il faut qu'on trouve un rayon où les produits sont plus interchangeables. Je propose le thon en boîte, mais après dix minutes personne s'y est arrêté, alors on se dit qu'on a qu'à se balader dans l'allée centrale et dès qu'on voit quelqu'un qui a l'air d'hésiter on y va. À un moment, il y a une dame avec un gamin et une petite fille assise dans son Caddie qui sont en train de choisir des pâtes.

– C'est bien ça, les pâtes, y en a plein de sortes, je fais à Esteban.

On avance dans le rayon et il se concentre. La dame consulte ses enfants en leur montrant différents paquets, la petite fille dit oui à tout, le petit garçon dit non à tout, ça va être chaud ! Finalement, elle prend deux boîtes de macaronis. Je regarde Esteban, c'est pas la joie.

– Des spaghettis, bordel, j'avais dit des spaghettis!

Bref, apparemment, il est pas trop doué. Quand on avait fait le test à la maison, ça devait être moi qui émettais fort. Pour voir, je lui demande dans quel rayon on va maintenant, et en même temps je pense hyper fort à une bouteille de Coca. Il me répond direct:

– Les sodas!

Bon. Il reçoit plutôt bien, c'est déjà ça. Peut-être qu'il faut qu'on aille sur une terrasse, finalement. Les jupes, ça passe mieux que les pâtes. Je sens qu'il faut pas trop insister et Esteban est bien d'accord.

– C'est crétin d'aller aux sodas, quelqu'un qui veut du Coca, il va pas prendre du Sprite.

Quand on passe les détecteurs de la sortie sans achats, les haut-parleurs du supermarché passent *You Can't Always Get What You Want.*

Avec tout ça, il est midi passé, et on commence à avoir la dalle, alors on se chope un hamburger dans la galerie commerciale et on va se poser sur un banc dans le parc. En bouffant, on réfléchit à comment on pourrait s'améliorer à la TK, et on se demande comment ça gaze pour Brad.

– Tu pourrais lui faire le même coup qu'à moi, lui envoyer un gros flash dans la tête.

– C'est quoi qui lui fait peur à Brad?

– Un zéro sur son bulletin, ça, ça lui foutrait bien les boules.

– Je sais pas, faut que ça soit vraiment une surprise…

– T'es vraiment un bâtard, toi!

– J'avoue!

– C'est trop chanmé de dire ça!

– Les araignées, ça c'est un truc qui le fait flipper ! Tu te souviens quand on avait vu cette grosse araignée dans sa salle de bains ?

– Ouais, il avait trop crisé, faut dire qu'elle était bien dégueu.

– Et dans *La Chambre des Secrets*, avec Aragog, quand on a regardé le DVD, j'ai cru qu'il allait se cacher sous le canapé.

– Et il aime pas qu'on en parle. Pareil dans *Le Seigneur des Anneaux* avec la grosse, là…

– Arachne.

– Ouais, il s'arrange toujours pour aller chercher un truc dans la cuisine ou pour aller aux chiottes pendant ce passage-là.

– C'est clair ! On va lui en donner, de l'araignée !

À deux, on est moins discrets que tout seul, alors, après avoir laissé nos vélos à l'endroit habituel, c'est d'abord Esteban qui se faufile dans le jardin de la maison de Manu. J'attends un petit peu et je le rejoins. Je propose à Esteban qu'il essaye de lire les pensées de Brad, mais il en a vraiment trop marre, alors c'est moi qui m'y colle. Je vois la pyramide, bien au centre, et j'entends clairement : « Tourne ! Tourne ! Tourne ! » Visiblement, malgré tout ce qu'on lui a dit, il arrive pas à dépasser ce stade. J'entraîne Esteban au fond du jardin pour causer.

– Je crois pas que ça soit une bonne idée. Il est pas prêt, ça va juste le déconcentrer, vaut mieux le laisser tranquille pour l'instant.

– C'est trop con, maintenant qu'on est là.

– Il faut qu'il arrive à faire le vide tout seul, on peut pas le faire à sa place.

– On fait rien, alors ?

– Pour l'instant, c'est ce qu'il y a de mieux.

– Bon. Et maintenant ?

– On rentre se faire un petit dodo pour reprendre de l'énergie, et après on verra.

. 31

Je me réveille à l'heure du goûter. Esteban roupille encore, mais c'est lui qui a dépensé le plus d'énergie – on s'épuise vraiment plus vite quand ça marche pas. Je surfe sur Internet en grignotant du chocolat, à la recherche d'exercices de TK plus avancés, mais je retombe toujours sur la pyramide ou la cartouche d'encre ou la balle de ping-pong. Je trouve des vieux comptes rendus de séances avec des médiums qui soulevaient des tables ou des trucs comme ça mais, la plupart du temps, les gars qui faisaient ça trichaient et ils se sont fait choper. Il y a des vidéos de gars qui prétendent faire des boules d'énergie avec les mains – Ka-mé-ha-mé-ha ! –, mais soit on voit rien soit c'est des gros *fakes*.

J'atterris sur un site qui fait plus sérieux, l'institut psychique du Globe, c'est une association qui existe depuis plus d'un siècle et qui étudie scientifiquement tous les phénomènes paranormaux. Ils classent ça en deux catégories, d'abord la perception extrasensorielle – ESP – et la psychokinèse – PK – dont fait partie la télékinésie. Dans l'ESP, il y a la télépathie, la clairvoyance, et la précognition. Je résume: la précognition, c'est de prédire l'avenir, genre les oracles, tout ça. Le truc de Huysmans fait partie de la clairvoyance – d'ailleurs, ils l'appellent bien radiesthésie –, mais il y a d'autres pouvoirs de clairvoyance: la psychométrie, c'est quand on peut décrire une personne d'après un objet qui lui appartient; l'autoscopie, c'est quand on peut voir dans son propre corps; la vision à distance, c'est de pouvoir visualiser un lieu à distance et même s'y déplacer; la xénoglossie, parler ou comprendre une langue étrangère sans l'apprendre – cool, ça! Il y a aussi tous les trucs connus genre boule de cristal, tarots, lignes de la main. Comme j'arrive à faire de la télépathie et aussi de la radiesthésie, je me demande si je pourrais pas faire un de ces trucs. La vision à distance, par exemple, ça doit être mortel. Par contre, voir dans mon propre corps, beurk!

J'apprends que ce qu'on fait avec Esteban, c'est de la macro-PK, ça veut dire qu'on voit les effets, alors que la micro-PK agit sur des trucs invisibles, les atomes, ou le hasard. Là j'avoue, je pige pas, si ça se voit pas, comment on peut savoir si ça marche?

Les barreurs de brûlure ou de verrues, ça fait partie de la bio-PK, avec tout ce qui est action sur les choses vivantes, les animaux, les plantes.

Après, y a plein de trucs chelous, les Poltergeists – c'est les phénomènes qui se produisent sans raison –, les portes qui claquent, les bruits, des objets qui se déplacent, ou bien les ectoplasmes – c'est des apparitions de gens ou de bouts de gens –, genre une tête qui apparaît au plafond, les boules! Il y a une troisième catégorie, c'est tout le reste, ça cause de maisons hantées, de morts qui parlent et qui sont enregistrés, de possession, de gens qui sortent de leur corps, qui meurent et qui revivent. Je crois pas à tout ça, et en même temps ça me fait un peu peur, c'est un peu comme le diable dans *Fantasia*, j'aime pas trop ces trucs. J'explore le reste du site, y a rien de vraiment convaincant, pas de vidéos d'expériences, pas de conseils. Même dans les liens, ça envoie pratiquement que sur des sites ou des blogs de gens qui y croient pas !

Je retourne sur Google et je tape « kinésie » pour viser plus large, mais je me retrouve avec des listes de pouvoirs de super-héros, alors je laisse tomber. Si on veut progresser, c'est pas sur Internet qu'on trouvera des conseils.

Il est six heures passées quand Esteban émerge. Il a sa tête du gars qui tuerait pour manger, alors je lui file du chocolat et il se tape le reste de la plaque. Quand je lui dis l'heure qu'il est, il hallucine.

– Mais il reste même pas trois heures avant d'appeler le détective !

– C'est pas grave, on a rien de spécial à faire, il faut juste qu'on choisisse une cabine.

– Je sais où il y en a une, près du parking du parc.

– Nickel. Et qu'est-ce qu'on fait pour Brad ?

– S'il veut venir, il peut nous appeler. On a qu'à lui laisser un SMS pour lui dire à quelle cabine on va.

– OK, et en attendant, on peut refaire un peu de TK, mais en changeant d'objet, y en a marre du ping-pong.

– Quoi comme ?

– Un truc un peu plus lourd, qui casse pas...

– Une balle de tennis ?
– Bof. Marre des balles. Une pièce de monnaie ?
– C'est vraiment pas très lourd.
– Attends, j'ai vu un truc sur Internet… Y avait ce gars qui tordait des petites cuillères.
– Ta mère, elle va gueuler !
– Non, c'est pas pour les tordre, mais on peut essayer d'en faire bouger une, ou de la faire léviter.

Une balle de ping-pong pèse deux grammes sept. Je prends dans le tiroir de la cuisine deux petites cuillères, une toute simple et une en argent, qui vient d'un service ancien de ma grand-mère, la première pèse quinze grammes sur la balance électronique, et la deuxième trente-deux. On va commencer par la plus légère, c'est déjà pas mal, presque six fois plus lourde que la balle ! J'en trouve une autre pareille, comme ça, on a chacun la nôtre. Esteban se pose dans le canapé, sa petite cuillère sur la table basse, et moi je m'installe à ma place habituelle, à la table de la salle à manger. Comme ça, je suis pas dans son champ de vision, ni lui dans le mien.

Le problème, c'est qu'une petite cuillère, ça roule pas ! Pour l'instant, je suis pas arrivé à faire décoller tout seul quoi que ce soit de statique. Bon, je reprends à zéro, respiration, concentration, vide. Je vais pas essayer de la faire décoller, trop dur, je vais juste la pousser. J'entends Esteban qui inspire dans son canapé, ça a pas l'air d'être brillant pour lui non plus. Je me mets dans le même état d'esprit que quand j'ai écrabouillé la balle, pour sortir le max d'énergie. J'oublie que ça roule pas, j'oublie que ça pèse six fois plus lourd. J'ignore que ça roule pas. J'ignore que ça pèse plus lourd. C'est pareil. C'est pas l'objet que je pousse. Les frottements et le poids peuvent pas être plus forts que l'énergie.

Pendant les vacances avec mon père, j'avais repensé au petit bouquin sur la mécanique quantique que le père de Brad nous avait filé. Comme je pigeais que dalle et que mon père, il sait un tas de trucs sur tout, je lui avais demandé de m'expliquer. Pour une fois, il pouvait pas m'aider, il avait juste retenu une citation du gars qui a fondé la mécanique quantique : « Si quelqu'un dit qu'il comprend la mécanique quantique, c'est qu'il ne la comprend vraiment pas. » Ou un truc du genre.

Comme il était lancé sur la physique, il m'avait raconté un truc hyper zarbi sur le « modèle cosmologique standard » qui est en gros la description de l'univers sur laquelle à peu près tous les scientifiques se sont mis d'accord. Et sur quoi ils se sont mis d'accord ? Sur le fait qu'ils comprennent rien non plus ! Ils arrivent à mesurer des tas de trucs, genre la vitesse de rotation des galaxies, leur masse, les distances entre les étoiles, mais ce qu'ils observent a aucun sens ! Ils en sont venus à dire qu'on ne connaissait que quatre pour cent de ce qui constitue l'univers. C'est tout ! Ces quatre pour cent, en gros, c'est la matière, les atomes, tout ça, mais le reste, quatre-vingt-seize pour cent, on a aucune idée ! Alors ils se sont mis d'accord pour dire qu'il y avait à peu près trente pour cent de l'univers qui était constitué de « matière noire », et que le reste c'était de l'« énergie sombre ». Trop le délire ! C'est carrément le côté obscur de la force ! Il y a des chercheurs qui essayent depuis des dizaines d'années d'attraper un peu de la « matière noire » qui traverse la Terre, mais pour l'instant personne a réussi. Alors qu'elle est partout. Si ça se trouve, quand on fait de la TK, c'est avec l' « énergie sombre ». En tout cas, c'est clair que tout est possible ! Ça me fait repenser à ce gars, Wittgenstein : « Sur ce dont on ne peut parler, il faut garder le silence. »

C'est toujours pareil, quand je réfléchis à tous ces trucs, ça me regonfle. Je me dis que ce qu'on sait des choses, c'est ce qu'on nous a appris, mais que c'est sûrement complètement faux. Ma cuillère, là, si elle bouge pas, c'est parce qu'on m'a appris qu'elle pouvait pas bouger. « Bouge ! »

La folie ! Elle a glissé sur la table, mais à fond ! Elle a rebondi direct sur le mur qui est deux mètres derrière avant de retomber sur le sol ! Un couteau, je le plantais ! D'après le silence d'Esteban, je sais qu'il a compris. Je vais pour la ramasser, mais finalement c'est plus simple de la faire monter à ma hauteur et hop ! elle vient tranquillement et je l'attrape ! Esteban explose :

– *¡Joder joder joder*! J'y crois trop pas !

– Tout est possible, *cabron* !

– Comment t'as fait ça ?

– J'ai oublié que je pouvais pas ! C'est comme ça…

Je tends le bras devant moi et je dépose la petite cuillère dans le vide, et je la laisse flotter immobile devant moi. Tout devient facile, c'est comme si le monde était transparent. Je plane ! D'ailleurs… Je regarde le sol, et je fais décoller mes pieds, c'est pas croyable, je monte ! Je tourne sur moi-même pour faire face à Esteban et voir la tête qu'il tire, je suis pas déçu ! On dirait que sa mâchoire va tomber par terre et que ses yeux vont exploser, comme dans un Tex Avery ! Je dois être à au moins trente centimètres du sol. Sa cuillère à lui n'a pas bougé depuis tout à l'heure, alors je la fais décoller aussi, on se croirait en apesanteur, comme les cosmonautes ! Je fais venir la cuillère d'Esteban vers moi et je la saisis, je me retourne encore et j'attrape la mienne, puis je me pose en douceur. C'est le pied intégral, le kif absolu. Y a pas de mots pour dire ça ! Je redonne sa cuillère à Esteban, il la regarde comme si c'était l'Anneau unique !

L'alarme de mon téléphone casse le silence. C'est l'heure de mon petit mail ! Esteban a toujours la bouche ouverte, il tourne et retourne sa cuillère dans ses mains. J'ai envie de tout faire bouger, les tables, les chaises, l'ordi... Faut que je me calme. Je m'assieds tranquillement et je tape mon petit message, je peux pas m'empêcher de dire que ça va hyper bien, mais je termine sur un « Vous me manquez beaucoup ! » et c'est vrai qu'ils me manquent, même s'ils flipperaient à mort s'ils me voyaient faire tous ces trucs ! Je referme l'ordi, Esteban est toujours pétrifié. Je le siffle et il sort de son rêve.

– Comment tu fais ? C'est dingue !

– En fait, c'est plus facile que la balle.

– Te soulever toi, c'est plus facile que de soulever une balle de ping-pong ?

– C'est question d'y croire. Les petits objets, c'est un frein, ça veut dire qu'on est pas vraiment convaincus.

La taille, le poids, c'est rien. Arrête avec la cuillère. Soulève la table.

– C'est pas possible ! Je peux pas...

– C'est possible ! Tu peux ! Regarde.

Et je soulève la table ! C'est même pas difficile, elle monte jusqu'à la hauteur de sa tête.

– Monte dessus ! Allez ! Grimpe !

Il pose un genou sur la table basse, puis l'autre, et il finit par se mettre debout. Il regarde tout autour de lui comme si c'était un monde complètement nouveau, et puis il se tourne vers moi, et je sens ma chaise bouger et je me mets à monter avec elle. Esteban éclate de rire ! On est là, tous les deux en l'air, c'est magique, c'est dingue, c'est fabuleux ! Je repose la table et je descends de ma chaise, et on se bondit dans les bras l'un de l'autre. On est des super-héros !

. 32

On a encore un peu de temps avant le rendez-vous téléphonique, alors on se tape un Coca en bouffant des chips au vinaigre – ma mère adorerait ! On est assez silencieux, faut dire que ça dépasse l'imagination, ce truc qui nous arrive. Je sais pas à quoi Esteban gamberge, mais moi je me vois voler, carrément, c'est le prochain stade, ouais ! Le truc ultime !

Dans toutes les histoires de super-héros, il y a toujours des questionnements sur si c'est bien ou mal d'utiliser ses pouvoirs ; dans *Spiderman* – le film – l'oncle de Peter Parker lui dit qu'un grand pouvoir implique de grandes responsabilités. Ouais, je sais pas... Il y a toujours un super-méchant qui fout le bazar et là on se pose plus de question. J'en reviens toujours au même problème : qu'est-ce qu'un super-héros peut faire dans le monde réel ? Je pourrais être un super-pompier, ou un super-sauveteur-en-mer. Un super-secouriste de montagne, capable de détecter les gens pris dans les avalanches et de soulever la neige par TK ! Bon, ça serait plus cool s'il y avait des méchants à latter ! Super-garde du corps, genre de président. Quoique je pense que, quand on peut voler, on se fait pas suer à avoir un patron ! On pourrait être des magiciens super célèbres, des stars, on deviendrait milliardaires ! On aurait la belle vie, on ferait ce qu'on voudrait. Ouah ! je délire, là ! On n'y est pas encore ! N'empêche, retourner à l'école, faire des études, je me demande à quoi ça va me servir.

Esteban me fait signe que c'est l'heure du coup de fil, alors on trace vers le parc. Pas de nouvelles de Brad. On coupe vers le parking de l'entrée est. Il est presque neuf heures. Et qui c'est qu'on retrouve, posé sur le banc à côté de la cabine ? Le Brad, en train de siroter un Coca, tranquille ! On pose nos vélos sur le sien dans l'herbe et on s'assied sur le dossier du banc.

– Alors, ça gaze ? je lui fais.

– Ça gaze, sauf que j'arrive encore à rien ! Mais je crois que je suis sur la bonne voie, je suis plus détendu, ça me prend moins la tête, c'est presque plaisant. J'attends que ça vienne, quoi !

– Cool ! C'est le bon esprit ! Ça va forcément venir.

– Ouais, c'est clair ! C'est l'heure, non ?

On se pointe à la cabine, et je fais le numéro, avec Esteban et Brad qui collent chacun une oreille sur le combiné. On est serrés comme des sardines. Brad râle parce qu'il a mon coude qui lui écrase les côtes et qu'Esteban lui marche sur les pieds.

– Vos gueules ! Ça répond !

– Charles, j'écoute.

– Bonjour, euh, bonsoir, c'est... c'est moi, vous savez...

– Vous êtes parfaitement ponctuel, jeune homme. C'est appréciable.

– Ben, on avait dit neuf heures, alors… il est neuf heures, quoi.

– Et vous venez aux nouvelles, comme convenu. Voici donc mon rapport. Aussitôt après avoir récupéré votre pli, j'ai procédé à quelques investigations de routine afin de baliser mon terrain d'enquête, et cette recherche préliminaire s'est révélée assez surprenante…

– C'est-à-dire ?

– M. Gustave Huysmans n'existe pas, selon l'état civil. Il s'agit d'un nom d'emprunt, et c'est également le cas pour sa petite-fille, Malvina Huysmans, qui réside avec lui rue du Dragon.

– Un nom d'emprunt ? Genre un pseudo ?

– Pas tout à fait. J'ai réussi à retrouver la date d'installation de ce soi-disant Huysmans en ville, puis j'ai lancé une recherche nationale concernant les deux années précédentes. Je n'ai trouvé aucune trace d'un Gustave Huysmans radiesthésiste, c'est comme s'il était apparu par enchantement, venant de nulle part, il y a quinze ans. J'ai lancé des recherches de similitude sur tout le territoire, je devrais disposer des premiers éléments dès demain.

– C'est dingue, ce truc.

– Certes. Mais c'est plus courant qu'on ne pourrait le croire. Bon nombre de personnes choisissent de changer de vie. Ce n'est pas un délit.

– Quand même…

– Une personne majeure a parfaitement le droit de disparaître, sans donner de nouvelles à sa famille. Si elle décide de couper les liens, personne ne peut l'en empêcher. Pour les personnes mineures, c'est différent, cela va de soi.

– Alors un adulte peut se casser, comme ça, sans prévenir personne?

– Si sa disparition est volontaire, sans signes inquiétants particuliers, ses proches peuvent engager une procédure de recherche auprès de la police ou de la gendarmerie, on appelle ça une recherche dans l'intérêt des familles. Ça prend des mois, quelquefois des années, et même si cette personne est retrouvée, elle peut parfaitement refuser que ses nouvelles coordonnées soient divulguées.

– Et qu'est-ce qui se passe dans ce cas-là?

– Eh bien, la personne qui a demandé la recherche est informée que le sujet a été retrouvé, mais qu'il refuse de prendre contact.

– C'est tout? Les boules!

– C'est la loi.

– Mais vous avez parlé de signes inquiétants, comment on sait si c'est inquiétant ou pas?

– Il faut convaincre le procureur de la République. C'est lui qui décide de déployer des moyens pour une recherche. Si M. Huysmans – ou quel que soit son nom – était vraiment menacé par des personnes dangereuses...

– C'est ce qu'il nous a dit, et il avait l'air hyper effrayé.

– Et vous n'avez aucune idée de ce que pourrait être cet objet qu'ils voulaient qu'il trouve?

– Ben, non... On sait juste que ce serait horrible s'ils mettaient la main dessus. On avait pensé que ce devait être une arme, une bombe, un truc comme ça.

– J'arrive à la même conclusion.

– Et au niveau de son appart ?

– J'y viens. Avant de visiter l'appartement, j'ai consciencieusement inspecté les alentours pour vérifier qu'il n'était l'objet d'aucune surveillance.

– Vous êtes sûr ?

– Sûr et certain ! Mais j'ai l'impression que vous ne me dites pas tout… J'aimerais savoir ce qui vous a alerté et vous a décidé à me confier cette investigation ?

– Euh… C'est vraiment zarbi, vous savez…

– Je suis très ouvert. Et j'ai besoin de toutes les informations disponibles pour travailler. C'est primordial.

– Eh ben… Il y a quelques jours…

– Combien de jours, soyez précis !

– C'était le 23. Le matin. Je voulais jeter un œil rue du Dragon, je savais même pas si Huysmans était chez lui ou pas, alors je me suis mêlé à un groupe de touristes et je suis passé dans la rue. J'ai rien vu de spécial, mais à un moment…

– Oui ?

– J'ai entendu une voix dans ma tête, une voix d'homme, qui m'a dit « Qui êtes-vous ? »

– Vous êtes sûr que ce n'était pas une hallucination, ou une personne dans la rue ?

– Oui. Sûr. Je… je m'y connais un peu en télépathie, et c'en était, de la télépathie.

– Et qu'en avez-vous déduit ?

– Ben… que quelqu'un devait être chez Huysmans, ou bien surveiller son appartement, et que c'était quelqu'un qui avait des pouvoirs. Un peu comme Huysmans.

– Bon. Vous auriez dû m'en informer. Si vous avez

d'autres renseignements, vous devez absolument m'en faire part. C'est peut-être une question de vie ou de mort!

– Je vous ai tout dit.

– Bien. J'ai donc inspecté l'appartement. Il est vide depuis au moins quinze jours, peut-être un mois, d'après la poussière qui s'y est accumulée. Si quelqu'un a visité les lieux entre-temps, il n'a laissé aucune trace. Personne dans l'immeuble n'a vu Huysmans depuis la fin juillet. J'ai vérifié les relevés téléphoniques, il n'y a eu aucun coup de téléphone passé depuis l'appartement depuis un mois, ni aucun appel réceptionné. Sa voiture, de marque Jaguar, est dans un garage, mais je n'ai pas retrouvé les clés. Il semble qu'il soit parti sans emporter de valises, car ses affaires étaient en ordre et semblaient complètes. Je suis assez pessimiste.

– Ça craint! Et sa petite-fille, vous croyez que... qu'il lui est arrivé du mal?

– La petite-fille, Malvina Huysmans, est saine et sauve. Elle est depuis mi-juin en colonie de vacances à l'étranger. Elle n'a été contactée par personne, selon la directrice de la colonie. Elle doit revenir de vacances le 30 août. Je crois qu'il est de mon devoir de prévenir la police, car cette pauvre jeune fille va avoir une horrible surprise. Cette affaire me dépasse, s'il s'agit d'une disparition avérée.

– Ouais, faites au mieux, c'est vous qui savez... Sinon, vous avez dit que vous attendiez d'autres renseignements?

– À partir de demain. Je vous propose que nous nous rencontrions demain soir. Je comprends votre circonspection, mais je pense qu'il n'y a plus de danger à présent.

– Je préfère pas. Enfin, pas encore. On a qu'à faire pareil, on vous appelle demain soir.

– Comme vous voudrez... Ah! une dernière chose: pour continuer l'enquête et la collecte d'informations, j'ai besoin d'un supplément financier.

– Mille, pareil?

– Si je dois poursuivre mes requêtes à l'international, une avance de deux mille serait plus adaptée.

– OK, deux mille. On trouve un endroit où les déposer demain matin et on vous appelle. Vers dix heures, ça ira?

– Je m'arrangerai pour être joignable entre dix heures moins le quart et dix heures et quart. J'aurai peut-être même déjà de nouveaux éléments à vous transmettre à ce moment-là.

– Et, au niveau des flics, je préférerais qu'on soit pas impliqués, enfin, vous voyez...

– Je respecterai votre anonymat, n'ayez crainte.

– Super. Bon ben alors, c'est tout?

– Pour l'instant. Je vous souhaite une bonne nuit.

– Ouais, merci, vous aussi.

On fait tous les trois une drôle de tronche. Huysmans... disparu? Mort, peut-être? Je stresse grave, et Brad a l'air carrément terrorisé. Esteban se maîtrise mieux.

– Bon, c'est merdique, mais on peut rien faire de plus, là, qu'il fait.

– Ouais. N'empêche, ça craint trop. Je sais pas si c'est bien que tu retournes tout seul chez Manu, je fais à Brad.

– Tu crois que ces gars nous cherchent?

– Ben, j'espère qu'ils sont pas au courant que quelqu'un a récupéré son don.

– Ouais, c'est vrai, j'y pensais plus !

– À mon avis, Huysmans leur a rien dit, sinon ils nous auraient déjà trouvés.

– Tu pourrais pas t'en servir, du don ? Je veux dire, ça a marché avec les tickets à gratter… Et là, c'est vraiment une question de vie ou de mort. Et on balise un max.

– Je peux essayer, mais je maîtrise pas trop.

– Demande si Huysmans est mort, fait Esteban.

Je me concentre comme quand j'étais à la boutique des jeux à gratter. Comme j'ai pas d'objet ni de photos ni rien, je visualise son visage du mieux possible dans ma tête. Et je pose la question.

. 33

– Alors, ça dit quoi ? fait Brad.

– Ça marche pas. Peut-être qu'il me faut une photo.

– Ah, ouais, comme la carte de bus de Manu…

– Genre. On pourrait demander à Charles de nous en filer une, vu le prix qu'on paye.

– J'avoue ! En même temps, il a l'air hyper fort, il a trouvé tous ces trucs en une journée, c'est un *boss* !

– Et toi, tu te sens prêt à passer la vitesse supérieure ?

– Si j'arrive déjà rien qu'à démarrer, ça serait bien cool.

– Tu veux encore squatter chez Manu ?

– Je vois pas comment faire autrement. Si vous êtes là à faire vos trucs et que moi j'arrive à que dalle, je suis trop dégoûté et ça me casse la concentration. Pour rester poli.

– T'as raison, faut pas lâcher maintenant. On te dépose, alors ?

– C'est pas la peine d'attirer l'attention en y allant à trois, on dit qu'on se retrouve demain ici à la même heure.

– Je préfère une autre cabine. On prend zéro risque, c'est mieux pour tout le monde.

– Où alors ?

– Il y en a une au terminal du bus, ça fait un peu loin.

– C'est vingt minutes maxi, ça le fait. Et vous, vous avez fait quoi aujourd'hui ?

Je regarde Esteban, il est prêt à tout raconter, mais je sens que ça serait abusé, je lui fais « non ! » dans la tête et il soupire en baissant les yeux.

– Alan m'a fait bosser la télépathie, mais ça marche pas. Je peux pas capter les pensées des gens ni leur en envoyer. C'est pas mon truc.

– Et avec la TK, ça progresse ?

– Ouais, tranquille, on a fait du ping-pong sans raquettes, j'arrive à smasher d'enfer, tu vois les petits ronds rouges sur son front ?

– *No way* ! C'est des traces de balle ? C'est ouf !

– Ouais, ça me tarde que tu t'y mettes aussi, que je puisse t'éclater !

– Vantard ! En tout cas les gars, c'est pas la peine d'essayer de venir me faire une surprise. Vu que je m'y attends, ça ferait juste que me déconcentrer.

– OK, on te laisse faire tout seul.

– On se voit demain soir, alors !

– Ouais, à plus.

– Salut, Brad.

Il récupère son vélo et il trace à travers le parc. Esteban s'assied sur le banc à côté de moi.

– Tu crois pas que ça l'aurait bien motivé de nous voir faire de la grosse TK ?

– Je préfère qu'il chope le truc avant. Le déclic.

Sans ça, le connaissant, ça risquerait juste de lui filer les boules.

– Et s'il le chope jamais ?

– Ben, il aura les boules pour une bonne raison. Mais je compte pas le laisser tranquille.

– Tu veux quand même lui faire le coup ?

– Encore plus maintenant qu'il croit qu'on va pas le faire. De toute façon, on a pas le choix, Manu revient le 28, il nous reste que deux jours.

– Tu veux lui faire le truc de l'image dans la tête ?

– Je pensais plutôt à de la TK. Faut qu'on s'entraîne à faire bouger des chaises ou des tables sans les voir.

– Ça peut marcher ?

– Je l'ai fait avec la pyramide en la filmant, tu te souviens ?

– Ouais, mais la pyramide, c'était plus simple.

– Au contraire, plus c'est petit, moins tu dois y croire, et moins tu y crois, plus c'est difficile.

– C'est quand même chelou, ce truc !

– C'est le monde qui est chelou ! Allez, on se rentre. Faut bien qu'on récupère et, en plus, demain on se lève tôt pour préparer le fric. C'est pareil, je sais même pas encore où on va planquer l'enveloppe.

– On fait pas comme la première fois ?

– Y vaut mieux changer. Mais là j'ai pas le courage de me remettre à gamberger. On va se pieuter ?

– C'est parti !

26 août.

J'ai mis mon réveil à sept heures et demie pour qu'on aie le temps de trouver un bon endroit où déposer le fric. Je *snooze* un peu et je réfléchis vaguement à cette histoire de radiesthésie, en dormant à moitié. C'est quand même chelou le fait qu'il faille une photo, vu ce que j'ai fait au distributeur de jeux à gratter. C'est quoi qui fait oui ou non quand on pose les questions ? C'est quoi qui peut deviner des trucs de malade que si on en a vraiment besoin à mort ? Et qui se donne, comme Huysmans a fait avec nous ? C'est complètement débile !

À la troisième sonnerie, je coupe le réveil et je me lève. Je suis encore bien dans les vapes, la tête pleine de toutes ces questions. Je réveille Esteban, qui a l'air autant dans le coaltar que moi, et on se fait chacun un bol de céréales en causant de l'endroit où planquer notre enveloppe de biffetons. Esteban est d'avis de faire comme la première fois, mais je trouve que c'est pas assez *secure*.

– On sait pas si quelqu'un a pas repéré Charles. Peut-être qu'ils surveillent la médiathèque.

– S'ils étaient si forts, ils nous auraient déjà chopés.

– Je sais pas, je préfère jouer la sécurité à donf pour l'instant.

– Bon, alors dans une librairie ?

– Ouais, c'est à ça qu'on avait pensé avec Brad, au début, mais maintenant je trouve ça trop prévisible.

– Un magasin ? Genre magasin de sport…

– Je suis pas sûr que ça soit très pratique pour cacher une enveloppe.

– Attends, je sais ! À la cathédrale, on a qu'à scotcher l'enveloppe sous un banc, et après on dit à Charles quel banc c'est.

– Cool ! On fait ça ! On rentrera avec des touristes, comme ça personne nous remarquera.

– Je suis un génie !

– Ouais ben, monsieur le génie, faut aussi trouver une manière de récupérer une photo de Huysmans, ça va être plus coton !

– Pourquoi ?

– Parce qu'on peut pas lui demander de la planquer quelque part pour qu'on la récupère, ça serait trop facile de nous repérer.

– Il pourrait nous la mailer...

– Non, je veux pas lui donner d'adresse mail, trop facile à tracer.

– Tu fais ièche avec tes histoires, si ça se trouve y a personne qui essaye de nous trouver !

– Si ça se trouve ! Et si ça se trouve, c'est le contraire !

– Ouais, ben, on est pas sortis d'affaire ! Tu veux qu'il fasse quoi, qu'il sème des photocopies de la photo partout dans le centre-ville ?

– Hum... pas con, mais même ça, c'est pas encore assez sûr. Il faudrait que vraiment personne puisse nous voir récupérer la photo.

– Par Internet, t'es sûr qu'il y a pas moyen ?

– Pas par mail, en tout cas. Faudrait qu'on aille au cybercafé pour voir si on peut créer un identifiant, mais je crois pas que ça soit possible, il faut un *password* administrateur.

– Et s'il dépose la photo sur un site ?

– On pourra pas la télécharger !

– Ouais gros malin, mais on pourra toujours la photographier sur écran !

– T'es en forme ce matin ! Y a ton deuxième neurone qui s'est réveillé ?

– Tu sais ce qu'il te dit mon deuxième neurone ?

– Ben j'aimerais bien qu'il me dise sur quel site Charles va pouvoir déposer la photo.

– Je sais pas moi, un truc de photos, genre Flickr, Picasa…

– On a qu'à regarder si c'est compliqué de créer un compte.

On se met sur le portable et on va sur Picasa, mais il faut télécharger un logiciel, et comme on sait pas si Charles est bien dégourdi du Web, on essaye Flickr. Là c'est plus simple, on crée un compte en deux minutes et on a plus qu'à déposer une photo dessus, avec une description, et c'est fait. On se déconnecte pour essayer, comme si on était au cybercafé, ça marche nickel : on recherche le compte et on accède à la galerie qu'on vient de créer.

– La procédure est tellement simple qu'on peut la faire en direct, du coup, si tu restes au cybercafé pendant que je téléphone, tu te connectes à sa galerie, tu prends l'écran en photo et tu te tires vite fait.

– T'es vraiment un flippé de base, toi ! Ils vont pas tracer la connexion !

– On sait jamais ! Bon, on y go ? J'ai l'enveloppe, du Scotch…

– Prends des lunettes de soleil, ça fera plus touriste. T'en as une paire pour moi ?

– T'as qu'à prendre celles de ma mère, ça sera trop stylé !

– Tête de mouche, ouais ! C'qui faut pas faire !

. 34

Il fait encore hyper beau, c'est plein de touristes en ville. On pose nos vélos derrière la cathédrale, et on rentre dedans dès qu'un groupe passe la grande porte. Il fait bien frais, il y a pas trop de monde parce que c'est le matin, c'est surtout des vieux qui font la visite. Il y a presque personne sur les bancs, alors on fait un petit tour, histoire de pas trop attirer l'attention. Esteban allume même un cierge et je mets des sous dans la boîte.

Au bout d'un moment, on sent qu'on a bien joué notre rôle, on choisit le cinquième banc dans la rangée de droite, pas trop loin d'une colonne, donc un peu planqué par rapport aux gens qui passent, et je sors le Scotch, l'air de rien, je le coupe sans faire de scratch et je le colle en travers de l'enveloppe, en laissant bien déborder des deux côtés. On surveille un peu autour de nous mais personne fait attention, ils doivent croire qu'on prie ou un truc comme ça. Esteban passe l'enveloppe sous le banc de devant et lisse bien le Scotch. Nickel.

Après, on refait un petit tour vers l'orgue en attendant qu'il y ait un groupe de papys qui sorte et on se joint à eux en remettant nos lunettes noires. On retourne aux vélos, et on décide que je vais aller téléphoner depuis la gare pendant qu'Esteban va au cybercafé de la galerie du supermarché. Il râle encore un peu à cause de toutes ces précautions qu'il trouve débiles mais je lâche pas et donc je pars vers l'est et lui vers le sud.

Il y a une série de cabines publiques dans le hall d'arrivée de la gare ; je choisis celle du milieu et j'attends qu'il soit dix heures en regardant les voyageurs et les gens qui viennent les chercher.

Quand c'est l'heure, je fais le numéro de Charles.

– Charles, j'écoute.

– Bonjour, je vous appelle comme prévu.

– Bonjour, jeune homme. Comment allez-vous ?

– Bien, merci. Alors on a caché l'enveloppe à la cathédrale, sous un banc.

– Parfait.

– C'est le cinquième à droite en rentrant, près de la colonne.

– Je la fais chercher immédiatement.

– Ah ? Vous y allez pas vous-même ?

– Je suis occupé ce matin, par notre affaire en cours. Je dois contacter plusieurs de mes informateurs. Je vous dis donc à ce soir.

– Euh… Attendez !

– Oui ?

– Est-ce que vous avez une photo de Huysmans ?

– J'en ai plusieurs. Pourquoi donc ?

– Ben… j'aimerais bien en récupérer une, récente si possible.

– Sans problème. Comment voulez-vous que je vous

la transmette ? Voulez-vous que je la fasse déposer dans un lieu de votre choix ?

– Je préférerais faire autrement. Est-ce que vous avez un compte Flickr ?

– Je vous demande pardon ?

– C'est un site de partage de photos.

– Sur Internet ?

– Ben oui, un site, c'est sur Internet.

– Je ne suis pas très au fait de ces nouvelles technologies. À vrai dire, je n'utilise pas Internet, pas assez discret à mon goût.

– Comment vous faites, pour vos enquêtes, et tout ?

– J'ai mes méthodes, qui se sont révélées fort efficaces depuis très longtemps.

– Mais vous l'avez, Internet ?

– Pas personnellement.

– Comment ça, pas personnellement ? Vous avez bien un PC ?

– Non.

– Bon, un Mac c'est encore mieux.

– Je n'ai pas de Mac non plus. J'ai un fax.

– Un fax ?

– Un télécopieur électronique, si vous préférez.

– Je sais ce que c'est… mais je pensais que ça n'existait plus.

– C'est très pratique, vous savez.

– Ouais. Bon, comment on fait alors pour la photo ?

– J'ai une solution, si vous pouvez patienter jusqu'à demain.

– Si y a pas moyen de faire plus vite…

– Achetez le journal demain matin, et consultez les petites annonces, j'y ferai insérer votre photographie.

– Vous pouvez faire ça ?

– J'y ai recours de temps à autre. Rien de plus simple.

– J'y aurais jamais pensé !

– C'est réglé ! Dans l'édition de *La Tribune* de demain matin. Maintenant, vous devez m'excuser, je dois vraiment passer ces appels téléphoniques. À ce soir, jeune homme.

Le journal ! J'ai jamais acheté le journal de ma vie, moi ! C'est ouf, ce truc ! Je sors de la gare et j'appelle Esteban qui poireaute pour rien au cybercafé, je lui résume ce qu'on s'est dit avec Charles – il hallucine bien, lui aussi – et on se donne rendez-vous à la maison pour préparer l'opération surprise de Brad.

Je suis pas sûr du tout de mon coup, pour Brad, c'est hyper chaud de convaincre quelqu'un qui veut pas croire, et j'ai l'impression que c'est ce qui arrive. Même s'il nous a vus faire de la TK, il doute trop. Alors, si ça se trouve, faire bouger les tables et les chaises chez Manu, ça changera rien. Enfin, on a rien à perdre à essayer.

Esteban est déjà là quand je me pointe à la maison. On décide d'attaquer tout de suite. C'est pas évident au début, on est pas très chauds, et on a pas l'habitude de faire de la TK avec des gros objets, alors il y a une espèce d'appréhension. Je repense à ce que je m'étais dit au moment où je galérais avec la petite cuillère, j'essaye de retrouver le même feeling, mais Esteban commence déjà à lever une chaise. Ça me débloque direct, et j'en lève une aussi. C'est vraiment mortel, ce truc ! On s'entraîne à les faire monter et descendre, à les poser en douceur, à les déplacer en l'air, et quand ça fonctionne bien je passe à la table basse. Ça décolle bien, je la pose sur le canapé, et puis je soulève le canapé et la table.

– Essaye de bouger deux choses à la fois, je fais à Esteban, mais deux choses qui sont pas au même endroit.

– Purée, c'est chaud ! Quand je m'occupe d'un truc, l'autre se casse la gueule !

– Y a pas de raison, c'est parce que tu bloques dans ta tête.

J'ai beau dire ça, c'est vrai que c'est carrément plus difficile. C'est pas une histoire d'énergie, ou de force, ou même de poids, c'est juste que ça semble encore plus impossible.

– Je suis crevé, faut que je me repose, il fait.

– Ça fait même pas une demi-heure !

– Ouais, ben je suis mort quand même ! T'as qu'à continuer tout seul, je vais me pieuter un coup.

– OK. Juste un truc : avant de te coucher, quand tu seras dans la chambre, essaye de faire bouger un truc dans le salon.

– Ouais, je crois pas que je pourrai…

– Si tu commences à pas croire, on est pas près d'y arriver.

– OK, OK.

Je repose le canapé et la table, et ensuite je remets la table à sa place, et je m'installe dans un fauteuil pour attendre, mais il y a rien qui bouge. Au bout de deux minutes, je vais voir dans la chambre, Esteban roupille, alors je me pose sur mon lit, juste une minute, pour me reposer.

. 35

– Debout, espèce de marmotte !

– Hein ? Qu'est-ce qu'y a ?

– Y a qu'il est presque six heures !

– C'est pas possible ! Je me suis juste posé cinq minutes...

– Et t'as dormi cinq heures !

– Même plus que ça ! Purée, ça se fait pas !

– En plus j'ai la méga dalle, faut que je bouffe quelque chose.

– Pareil ! On a qu'à se faire un MacDo avant d'aller chez Manu.

– J'ai trop faim, t'as pas des chips ?

– Regarde ce que tu trouves dans la cuisine, mais je crois qu'on a tout fini. Il reste peut-être du thon.

Esteban s'est couché avant midi, ça veut dire qu'on a dormi six heures ! Faut vraiment qu'on apprenne à gérer notre énergie pour pas faire n'importe quoi. Je l'entends qui râle dans la cuisine, il a rien trouvé qui lui plaise. Je le rejoins et je fouille dans le placard du goûter : zéro.

– On va quand même pas se taper du thon ! Allez, on trace !

On se tape chacun deux Royal Bacon et une grosse portion de frites qu'on bâfre comme des gloutons, et après ça va mieux. On finit nos Coca en roulant vers chez Manu, on laisse nos vélos comme d'hab, près de celui de Brad, et on se planque dans le jardin, près des volets du salon. Avec tout ça, on a même pas pu tester le coup de la TK à distance. Esteban me demande si je capte Brad, je me concentre et je visualise la table de la salle à manger avec la pyramide à droite.

– Il s'est remis sur la pyramide, je chuchote.

– Tu le sens comment ?

– Je sens pas de stress, il a l'air plutôt zen.

– Bon. Comment on fait ?

– Aucune idée. De toute façon, on aura qu'une chance si ça marche, faut que ça parte d'un coup, alors on se concentre à mort, on attend qu'il se relâche, et on met la gomme.

– Qu'est-ce qu'on fait bouger ?

– N'importe quoi dans la pièce, de toute façon, c'est trop chaud de se repérer sans rien voir. Si on arrive à faire bouger une chaise, ça sera déjà bien.

– Ouais, on fait ça, OK.

On fait le vide, on respire bien. Calmes. Je garde un œil dans la tête de Brad, pour pas rater le coche. On avait dit que c'était bien de s'entraîner jusqu'à sept heures, il y a pas trop longtemps à attendre. Esteban regarde sa montre régulièrement et il m'indique avec les doigts le nombre de minutes qui reste. À sept heures pile, il se passe rien, Brad continue à regarder la pyramide du coin de l'œil, comme je lui ai expliqué.

Sept heures cinq, toujours rien. Sept heures dix, je sens Esteban qui relâche un peu la concentration. Il jure tout bas en espagnol. Sept heures et quart, j'entends un minuscule bip dans la tête de Brad, je fais signe à Esteban de la tête, et on donne tout ce qu'on a pour faire bouger des trucs à l'intérieur. Comme je vois la table sous la pyramide, j'essaye de la faire monter, mais Brad tourne la tête alors je sais pas si ça marche et, tout à coup, on entend crier, alors je fais signe d'arrêter, et il y a un grand bruit, et encore un cri et puis plus rien.

– Je me demande si on a pas fait une grosse connerie.

– T'as vu quelque chose ?

– Juste qu'il a tourné la tête, mais après ça s'est brouillé.

– On va voir ?

– Je crois que c'est mieux.

On saute la barrière du jardin sans nous faire voir et on arrive à la porte d'entrée. C'est pas fermé à clé, donc on se glisse à l'intérieur et on remonte le couloir jusqu'à la salle à manger. Dedans, c'est un bordel monstre, les chaises sont renversées, la table aussi, il y a des bouts de vase par terre, le tapis est à moitié retourné, il y a des coussins un peu partout, un cadre cassé, et allongé en plein milieu, sous la table, Brad ! On se précipite pour l'aider, on pousse la table et il râle. Je vois qu'il saigne de la tête.

– Brad ! Brad, réponds ! je crie.

– Il a l'air amoché, fait Esteban en se penchant sur lui.

– Brad ! C'est nous ! T'entends ?

Il se met à gémir en ouvrant les yeux.

– Aïe ! Qu'est-ce qui s'est passé ? C'est vous qu'avez fait ça ?

– Bouge pas, t'as dû recevoir un coup sur la tête. Esteban, tu peux aller chercher un gant de toilette ou une serviette ?

– C'était comme un tremblement de terre, j'étais en train de bosser sur la pyramide, et là tout s'est mis à bouger dans tous les sens, même moi, il y a la table qui est montée au plafond et qui m'est retombée dessus.

– Attends, on va s'occuper de toi. Vas-y, Esteban, essuie-lui le front, qu'on voie si c'est profond.

– Aïe aïe aïe !

– C'est juste de l'eau.

– Ça pique !

– Attends... voilà... C'est une grosse coupure, mais ça a pas l'air profond.

– Je vais voir si je trouve un pansement et du désinfectant, fait Esteban en ressortant.

– OK, Brad, essaye de te relever tout doucement, je vais t'aider, comme ça.

– J'ai la tête qui tourne. T'as pas vu mes lunettes ?

– Tu m'étonnes, après avoir pris une table sur la tronche ! Elles sont là, tiens.

– C'était vous, hein ? Pour me faire encore une surprise pourrie !

– Ouais, je suis vraiment désolé, on voulait juste faire un peu bouger des trucs, les chaises, tout ça...

– Vous êtes vraiment qu'une bande de connards ! En plus, une seconde, j'ai cru que c'était moi qui y arrivais !

– C'était l'idée.

– C'était une idée à la con.

– J'avoue. Allez, viens, pose-toi sur le canapé, tu seras mieux.

– Mes… mes jambes !

– Quoi, tes jambes ? T'es blessé ? Tu sens quelque chose ?

– Je sens rien du tout ! Je peux pas les bouger !

– Oh, non ! Oh, non, non, non ! Esteban ! Esteban !

– Qu'est-ce qui y a ?

– Brad sent plus ses jambes ! Il peut pas les bouger !

– ¡*Mierda*! C'est horrible !

– Tu dois avoir un truc au dos, une vertèbre, il faut pas que tu bouges, on va appeler une ambulance.

– Mes jambes ! Je suis paralysé !

. 36

Qu'est-ce qui nous a pris de faire ce truc ? C'était de la folie, sans rien contrôler !

Il faut pas que je m'affole. « Respire ! Respire à fond ! Reprends ton calme ! »

Voilà.

Faut que j'essaye le truc de Huysmans, on a rien à perdre.

Je m'accroupis devant Brad et je pose mes mains sur ses cuisses, je me concentre à fond et je pose la question dans ma tête : « Est-ce que Brad est paralysé ? » et j'ai la réponse direct : « Non. »

Le soulagement !

« Est-ce qu'il peut se lever ? » « Oui. »

Ça colle pas ! Le truc est en train de me lâcher, ça répond n'importe quoi ! J'essaye autre chose : « Est-ce que Brad veut se lever ? » « Non. » Je regarde Brad dans les yeux, et je me pose la question : « Est-ce qu'il sent ses jambes ? » « Oui. » Il faut que je sois sûr. Je lui pince la cuisse. Il gueule comme un putois :

– Aïe ! T'es malade ou quoi ?

– Tu nous faisais marcher ?

– C'est vous qu'avez commencé !

– Alors t'es pas paralysé ?

– Non, mais vous mériteriez que je le sois ! Ça vous ferait les pieds !

– Quel con !

Je le prends dans mes bras et je lui serre la tête, j'ai des larmes qui me viennent dans les yeux.

– On est vraiment désolés, vraiment, à mort.

– Ouais, ouais, c'est bon, tu vas pas me rouler une pelle, maintenant, c'est bon, OK, je suis désolé aussi !

– T'es un gros mytho, *cabron* ! lui fait Esteban en l'aidant à se relever.

– Et vous des gros tarés ! Maintenant, va falloir ranger tout ce bordel !

– Faut d'abord te coller un pansement, ça recommence à pisser le sang.

Je tamponne un peu la plaie avec de l'antiseptique – Brad regueule comme un putois qu'on égorge – et je me rends compte que c'est quand même un peu profond.

– Je crois bien qu'il faut recoudre, je fais en grimaçant, j'ai eu une coupure comme ça quand j'étais petit, y a fallu passer chez le docteur.

– Je déteste ça, couine Brad. Ah, bravo, les mecs ! T'es sûr qu'avec un pansement ça le fait pas ?

– Je préfère pas prendre de risque. À moins que…

Truc de papa 8 : la Superglue. En plus de coller n'importe quoi, comme dans la pub, ça peut servir à refermer une plaie. En fait, Superglue, c'est juste une marque, le produit, ça s'appelle je sais plus comment, cyanocrilate ou je sais pas quoi, et ça a été inventé pendant la guerre du Viêt Nam – *Apocalypse Now, Voyage au Bout de l'Enfer, Full Metal Jacket,* tout ça gommettes rouges – justement pour refermer rapidement les blessures. Je demande à Esteban de regarder dans le frigo de Manu pour voir s'il en trouve.

– Tu vas me coller la tronche ? fait Brad.

– Juste un petit point, ça piquera moins qu'une aiguille, je te jure, c'est carrément fait pour.

– Ouais, ben une fois, en réparant une tasse que j'avais pétée, je me suis retrouvé avec les doigts collés, y a fallu les séparer avec un rasoir.

– Tu vois que ça colle !

Esteban revient en tenant le petit tube du bout des doigts. J'éponge bien autour de la plaie, je la referme du mieux que je peux pour que les deux bords se touchent, et je pose une petite dose de colle tout du long. Je tiens serré pendant une minute, le temps que ça sèche, je vérifie en tapotant du bout des doigts.

– C'est sec ! Et ça tient ! Tu vois, ça fait pas mal. Essaye juste de pas grimacer pendant un moment.

Je recouvre d'un pansement quand je suis vraiment sûr que ça colle plus, ça craindrait trop de coller le pansement à la plaie.

Il y a quatre ans, je me suis cassé la figure en sport à l'école, je sais pas comment j'ai fait, mais je me suis râpé le côté de la cuisse. Ça pissait pas le sang mais c'était bien écorché, sur une zone de genre cinq ou six centimètres de diamètre. Comme j'avais ping-pong juste après l'école, et qu'il était pas question que je rate l'entraînement, mais que ma mère était pas là, je me suis débrouillé tout seul à la maison. J'ai nettoyé mon bobo avec de l'eau, j'ai mis du désinfectant, mais il y avait pas de pansement assez gros, alors j'ai fait un truc bien débile : j'ai foutu du coton, un bon petit matelas, et du sparadrap pour faire tenir. Le pire, c'est que j'étais hyper content de moi. J'ai enfilé un short propre et je suis allé rejoindre les potes à la salle de ping-pong. Le soir, j'ai oublié d'en parler, le lendemain matin pareil, et c'est que le lendemain soir que j'ai montré mon écorchure à ma mère. L'horreur ! Le coton s'était collé dedans, c'était dégueulasse, on aurait dit que de la moisissure avait poussé sur la chair à vif ! Bref, ça a fini chez le docteur, qui m'a prescrit des espèces de compresses grasses qu'il a fallu mettre par-dessus, et tous les jours en changer, il fallait les arracher et elles enlevaient à chaque fois un peu du coton pourri. Là, c'était moi qui gueulais comme un putois ! On avait même terminé à la pince à épiler pour les bouts qui restaient. Beurk !

Brad a l'air calmé, il se pose sur le canapé et il pointe son index vers nous.

– Pas question que je vous aide à ranger, vous avez qu'à faire de la TK, comme Mickey avec ses balais !

On retourne la table et on pose les chaises à l'envers dessus, on range les coussins, sauf un qui est déchiré, on ramasse les plus gros bouts du vase et de verre, les fleurs séchées, les trucs décoratifs, et puis on aspire le tapis et le plancher, ça reprend forme. Comme aucun d'entre nous ne sait bien coudre, et que de toute façon on sait pas où trouver des aiguilles et du fil, je referme la déchirure du coussin avec la superglue, ça se voit pas trop. Le cadre cassé, je sais où en racheter un pareil, mais pour le vase… Je me rappelle à peine à quoi il ressemblait. Et pas question d'essayer de le recoller, y a trop de petits bouts.

– J'espère que c'était pas un truc cher, fait Esteban.

– Ouais, c'est clair. Tu te souviens de la tronche qu'il avait, toi ?

– Que dalle, je sais juste qu'il était blanc et gros.

– On est bien avancés avec ça !

– Qu'est-ce qu'on fait, alors ? La mère de Manu, elle va criser !

– Je sais pas... On pourrait juste mettre les bouts près de la commode, avec les fleurs, comme s'il était tombé tout seul.

– T'en vois souvent, des vases qui tombent tout seuls, toi ?

– J'ai pas mieux comme solution... C'est souvent mal équilibré, les gros vases, surtout quand il y a pas d'eau dedans. De toute façon, je vois pas quoi faire d'autre. Et on a bientôt le rendez-vous téléphonique avec Charles. Pour le cadre, on verra demain.

On dispose de la manière qui semble la plus crédible les bouts de vase et les fleurs par terre, ça le fait bien. Brad rassemble ses affaires, on sort de la maison, on récupère nos biclous et on se tire, direction le terminal de bus. Il est presque neuf heures.

Quand on arrive, il est déjà et quart passé, on se précipite dans la cabine, je mets la carte et je compose le numéro. Vu sa blessure, et aussi le sale coup qu'on lui a fait, on se tasse avec Esteban pour que Brad soit à l'aise. Ça décroche au bout de trois sonneries.

– Charles, j'écoute.

– Bonjour. C'est moi. Désolé, je suis en retard...

– Bonjour, jeune homme. J'imagine que vous avez vos raisons, et qu'elles sont excellentes. Rien de grave, j'espère ?

– Non, non, je... j'ai crevé. Alors, j'ai dû réparer. Enfin, voilà, je suis là.

– Bien, bien. Tout d'abord, je vous confirme l'insertion de la photographie que vous m'avez demandée dans l'édition de *La Tribune* de demain matin.

– Super. Cool. Merci.

– Je vous en prie. Maintenant, venons-en aux derniers développements de l'enquête.

– Vous avez des nouvelles infos sur Huysmans ?

– Les recherches de similitude ont abouti il y a quelques heures, et je connais avec certitude la véritable identité de ce monsieur.

. 37

– Un dénommé Victor Vyrus, radiesthésiste à l'autre bout du pays, s'est donné la mort il y a quinze ans, peu de temps avant l'installation de Gustave Huysmans dans notre ville. Son épouse avait perdu la vie l'année précédente dans un accident de voiture, il était désespéré, c'est en tout cas le mobile présumé qui figure sur le rapport de police. Mais quelque chose a mis la puce à l'oreille de mes informateurs : le prénom de l'épouse de Vyrus était Malvina, le même prénom que la petite-fille de Huysmans. Ils ont vérifié l'âge et la description de ce Vyrus, qui concordaient avec Huysmans. Comme il n'était nulle part fait mention d'une petite-fille, ils ont cherché d'éventuels enfants, et ils ont trouvé un fils, K.J. Vyrus – je n'ai que les initiales de son prénom. Ce K.J. a été condamné à vingt ans de prison après le décès de sa mère. Pour homicide préterintentionnel, c'est-à-dire pour violences volontaires ayant entraîné la mort sans intention de la donner.

– C'est un meurtrier !

– Le meurtrier de sa propre mère ! Je ne dispose pas

encore de son dossier carcéral, mais il n'est pas resté très longtemps en prison, moins d'un an, avant d'être transféré dans un hôpital psychiatrique de haute sécurité. Haute sécurité étant un bien grand mot, puisqu'il s'en est évadé quelques semaines après son internement. Et depuis, plus aucune trace.

– Et vous pensez que la petite-fille de Huysmans, enfin, de Vyrus, c'est sa fille.

– J'en suis persuadé. Tout concorde, le suicide présumé de Vyrus a eu lieu quelques jours seulement après l'évasion de son fils.

– C'est dingue, cette histoire !

– Je ne vous le fais pas dire. Vyrus possédait de nombreux contacts au sein de la police, il a sans doute été aidé, c'est une procédure de protection de témoins classique.

– Ah, ouais, j'ai déjà vu ça dans des films.

– En ce qui concerne la mère de Malvina, je n'ai pour l'instant aucune information.

– Vous pensez que Huysmans était menacé par son propre fils ?

– C'est assez rocambolesque, mais c'est ce que je déduis des faits.

– Et les gars qui voulaient qu'il trouve un truc, vous pensez que c'est lié ?

– Je ne sais pas pour l'instant, mais cela me semble assez peu probable. Le fait que ce K.J. ait été condamné pour homicide préterintentionnel et non homicide volontaire signifie qu'il ne cherchait pas à tuer sa mère. Je suppose qu'il visait son père. C'est ce qui expliquerait le besoin de celui-ci de disparaître.

– Mais peut-être qu'il l'a retrouvé…

– Dans ce cas, il l'aurait tué, tout simplement. Il s'agit d'un criminel doublé d'un malade mental, d'après ce que nous savons. Je ne pense pas qu'il soit lié à ces malfrats. Enfin, ce ne sont que des suppositions, gardons-nous bien de tirer des conclusions hâtives.

– Alors, c'est tout ? Enfin, je veux dire, c'est déjà beaucoup, mais...

– C'est tout pour le moment. Les recherches continuent sur la mère de Malvina Vyrus, et mes correspondants à l'international essayent de localiser ce K.J., qui a sûrement changé d'identité. Je dois récupérer son dossier incessamment. Voulez-vous que je vous le transmette ?

– Ouais, je veux bien.

– Il faudrait vraiment que nous mettions en place un protocole plus pratique. Je ne vais tout de même pas faire publier cela dans *La Tribune*.

– Je vais y penser.

– Bien. Autre chose : un représentant de la police locale a contacté Malvina Vyrus et lui a annoncé la disparition de son grand-père, elle est bouleversée, comme vous pouvez l'imaginer, et elle rentre dès demain.

– Qu'est-ce qui va lui arriver ?

– Je suppose qu'elle va faire l'objet d'une mise sous tutelle, aussitôt que le procès-verbal de disparition de son grand-père aura été établi.

– Ça veut dire quoi, mise sous tutelle ?

– En l'absence de parents ou de famille proche, le juge des tutelles va désigner un tuteur qui l'accueillera, prendra soin d'elle, et agira comme son parent.

– Ça peut être n'importe qui ?

– Bien sûr que non, il s'agit de personnes volontaires sélectionnées par l'aide sociale à l'enfance. C'est très sérieux. D'autant plus que Huysmans, ou Vyrus, était assez fortuné, et que ses biens doivent être administrés par le tuteur jusqu'à la majorité de la jeune fille. Tout cela est un peu technique.

– Et ça va avoir lieu quand, tout ça ?

– En l'absence de son grand-père, un tuteur provisoire sera désigné immédiatement.

– La pauvre… Déjà, son grand-père disparaît, et en plus elle doit aller vivre chez quelqu'un qu'elle connaît même pas.

– C'est la loi.

– Quand est-ce qu'elle revient exactement, je veux dire, à quelle heure ?

– Son avion atterrit en fin d'après-midi, je crois, pourquoi donc ?

– Si j'ai la photo le matin, je pourrai peut-être en savoir plus sur ce qui est arrivé à Huysmans.

– Que voulez-vous dire ?

– Je préfère pas en parler. Je vous tiendrai au courant. Demain matin, dix heures ?

– C'est noté. Vous n'allez pas faire de bêtise, jeune homme ?

– Non, vous en faites pas. Je vous appelle demain. Et je réfléchis à un moyen de récupérer les dossiers.

– Alors, bonne soirée, messieurs.

– Bonne soirée, on répond tous les trois en même temps.

Brad et Esteban me regardent, horrifiés.

– Comment vous savez que je suis pas seul ?

– L'instinct, jeune homme, l'instinct. À demain.

Et il raccroche.

– Bravo, les gars ! Nickel ! Les rois de la discrétion !

– Il nous a eus par surprise, fait Brad.

– Ouais. Et pis c'est pas très grave, il savait bien que t'étais pas tout seul, continue Esteban.

– Même ! On est vachement plus faciles à repérer si on est trois. Faut faire plus attention.

– Oui ma-man ! qu'ils font en même temps.

– Vous êtes vraiment des connards. Vous savez ça ?

Je fais mine de leur sauter dessus, mais Brad gueule qu'il est blessé, alors ça tourne court. On rigole un peu, mais les trucs qu'on vient d'apprendre nous reviennent en tête et ça nous calme. Victor Vyrus. C'est peut-être pour ça aussi que ça répond pas quand je me pose des questions, faut peut-être essayer avec son vrai nom. Je ferai ça quand on aura sa photo. Pour l'instant, on décide d'aller chercher des pizzas et de discuter de tout ça à la maison.

On est devant nos pizzas, moi napolitaine, Esteban avec du chorizo et quatre fromages pour Brad, mais finalement on a pas à mort d'appétit. Y a pas grand-chose à dire. Sauf que ça a l'air d'être une histoire bien pourrie, ce truc avec le fils de Huysmans, enfin de Vyrus. C'est dur de s'habituer à l'appeler par son vrai nom. On a beau se siffler des canettes de Coca, on sent le gros coup de barre arriver.

– Bon, alors, vous allez me dire comment vous avez fait, chez Manu ? fait Brad en ouvrant une nouvelle canette. La table, les chaises…

– C'est depuis hier, on s'est rendu compte qu'on y arrive aussi avec des gros trucs, je réponds.

– Toi aussi ? il fait à Esteban.

– Ouais, mais c'est Alan qui a chopé le coup. Par contre, c'est hyper crevant, après on est tout vidé.

– Mais sur le moment, c'est pas plus difficile que la pyramide ou la balle de ping-pong.

– Comment ça, pas plus difficile ? Déjà que moi j'y arrive pas !

– En fait, c'est ce que j'ai expliqué à Esteban : on essaye avec des petits trucs, parce qu'on y croit pas assez. Et le seul truc qui compte, finalement, c'est d'y croire.

– Ouais, ben j'y crois, maintenant ! il fait en touchant le pansement sur son front.

– C'est exactement comme dans *Star Wars*, sur Dagobah, quand Yoda fait sortir le X-wing de Luke du marais.

– Tu dois désapprendre tout ce que tu as appris, fait Esteban en prenant une voix de canard.

– C'est Yoda que t'essayes d'imiter, là ? Ça fait pitié ! fait Brad en se marrant.

– Il n'y a pas d'essai ! Fais ou ne fais pas !

Et là, Esteban fait monter la chaise de Brad de cinquante centimètres.

– Repose-moi, connard ! Je vais me croûter ! il hurle.

– Méfie-toi du côté obscur !

– Allez, Esteban, c'est bon, je lui fais, laisse tomber, enfin, en douceur, hein !

– Non, le Padawan doit contrôler sa peur !

– Fais-moi descendre, débile !

– Laisse-toi guider par ton intuition !

Maintenant, la tête de Brad touche le plafond. Il arrête de gueuler et il souffle un grand coup, et la chaise d'Esteban commence à bouger.

. 38

– Tu y es, *cabron* ! fait Esteban en se cramponnant à sa chaise. Fais-moi décoller, maintenant !

– Vas-y, Brad ! Le plus dur est fait, t'as le truc ! Tu peux faire ce que tu veux !

La chaise est propulsée en arrière, comme si on avait shooté dedans, elle se renverse, mais Esteban se penche en avant pour reposer les pieds avant au sol. Aussi sec, elle part sur le côté.

– Yaouh ! hurle Esteban. C'est du rodéo !

La chaise fait de petits bonds dans tous les sens et, tout à coup, elle se renverse sur le côté et Esteban se vautre sur le tapis, il relâche sa concentration et Brad retombe direct en hurlant. Je le bloque juste avant qu'il touche le sol et je le pose en douceur. Il se laisse glisser de sa chaise et s'étend sur le tapis avec les bras en croix. Je me lève pour voir s'il va bien. Il a les yeux fermés et il sourit.

– Trop de la balle !

Esteban se relève et il avance en boitant vers Brad et lui tape dans la main.

– Tu vois, *cabron*, quand tu veux !

– J'y crois pas, fait Brad. Je l'ai fait ! C'est trop génial !

– Maintenant, on est pareils, on est trois Jedi !

– On est les maîtres du monde !

– Ouais, je fais, mais gaffe au côté obscur !

– Quel sale rabat-joie ! Laisse-moi profiter un peu !

– Désolé ! Bon, je sais pas pour vous, mais ça m'a redonné la dalle, tout ça !

– C'est clair, je pourrais bouffer une vache !

C'est trop cool d'être à égalité. Mine de rien, ça nous pesait que Brad arrive à rien, ça gâchait notre plaisir. Mais maintenant, c'est le bonheur, même les histoires de Huysmans – Vyrus – passent au second plan. On profite de ce moment parfait, on rigole pour rien, c'est la joie ! Et puis, à un moment, on se sent bien claqués et on se pieute, sans ranger, sans se brosser les dents, on s'écroule sur nos lits. Quand je m'endors j'ai encore la banane, et je suis sûr que pour Brad et Esteban, c'est pareil.

27 août.

Ma première pensée en me réveillant : « *YESSSS !* »

Je bondis de mon pieu et j'enfile un T-shirt. Il est huit heures. Je jette un œil en passant dans la chambre des jumeaux, Brad et Esteban roupillent encore, alors j'enfile mes tongs et je vais à la boulangerie en vélo. Il fait encore un peu frais, c'est agréable de rouler dans les rues vides. Je prends six donuts, j'achète le journal et je rentre tranquille. Les gars sont toujours pas réveillés. Je débarrasse les boîtes à pizza, les canettes de Coke, je range un peu et je me fais un Nespresso avec la machine de ma mère, le truc à capsules, ça fait un boucan d'enfer qui gâche un peu le calme du moment, mais c'est le seul café que je trouve pas imbuvable. En général j'en bois pas, mais avec un donut, faut avouer, c'est assez grandiose, bien sucré avec du lait. Ma mère, elle a cette machine, mais elle en boit jamais, c'est plus pour les amis, le café, c'est pas très raccord avec le yoga.

Je sais pas si c'est l'odeur du café qui les a tirés du lit, mais Esteban et Brad se pointent dans la cuisine. Ils ont l'air d'être sur un petit nuage, et ils sont encore plus contents quand ils aperçoivent les donuts. Je leur propose un café pour aller avec, ils disent pas non. Pendant que je fais vrombir la machine, Esteban chope le journal et le feuillette jusqu'aux petites annonces.

– Cool ! Y a la photo ! C'est dans la rubrique « rencontres senior » !

– Mortel ! fait Brad en se penchant sur le journal. C'est écrit : « H. xxx 267 -- Henry, retr. 70 vf fum. 1,80 cult. class. aff. ch. JF 30-50 pr sorties, rest. mus. nat. » C'est quoi ce charabia ?

– C'est comme ça dans les petites annonces du journal, plus y a de lettres dans ton annonce, plus tu payes. De toute façon, on s'en tape, c'est un faux message, pour pas attirer l'attention.

Je sers les cafés et Esteban me passe le journal. Il y a bien une petite photo de… Vyrus – faut que je m'habitue à ce nom – elle doit dater de quelques années, mais ça devrait faire l'affaire.

– On finit le p'tit déj et j'essaye.

– T'es sûr que Charles a pas écrit le message pour nous ? fait Brad en me reprenant le journal. Henry retrouve 70, c'est une adresse pour qu'on se retrouve, non ?

– Tu délires, « retr. » c'est pour « retraité » et 70 c'est l'âge ! Le reste, je sais pas, mais ça doit être bidon pareil. Bon, refile-moi la page, je vais essayer le truc.

Je plie la page de telle manière que la photo soit bien au milieu et je me concentre. Brad et Esteban me regardent en silence.

Calme.

Respiration.

Je suis prêt.

Je me pose la question : « Est-ce que Victor Vyrus est mort ? »

Pas de réponse.

« Est-ce que Gustave Huysmans est mort ? »

Rien.

« Est-ce que le gars sur la photo est mort ? »

Que dalle.

Brad et Esteban voient bien qu'il y a un truc qui cloche, ils se raclent la gorge nerveusement. Je suis sûr que ça fonctionne, je ressens la même chose que quand j'ai choisi les tickets à gratter, la même chose que quand j'ai demandé si Brad était paralysé. Sauf que là, pas de réponse.

– C'est mort ! je fais. Le truc marche, mais j'obtiens pas de réponse, c'est trop bizarre.

– Comment ça se fait ? demande Esteban.

– Je sais pas. C'est peut-être parce que c'est lui qui m'a transmis le pouvoir. Vous vous souvenez ce qu'il nous a dit sur la plage ? Que son don servait à rien pour savoir comment ça se transmettait. C'est peut-être un truc dans le genre.

– Ouais, ben je préfère la TK, au moins tu vois ce que tu fais.

– C'est clair. Bon, on s'organise comment ? Y a le verre du cadre à réparer...

– Je fais ça, dit Esteban. Je connais un magasin dans la galerie marchande qui fait des cadres et, de toute façon, j'ai besoin de la clé de chez Manu pour la reposer dans le tiroir, chez moi.

– Cool. Et toi, Bradinouchet, comment ça va ton bobo ?

– Ça va, je sens rien.

– Tu permets que je regarde sous le pansement ?

– En douceur, hein ?

– T'en fais pas, gros douillet. Je tire tout doucement. Voilà. C'est nickel, tout propre. T'as quand même intérêt à préparer une histoire pour tes parents.

– Je dirai que je me suis pris une branche en vélo. En fait, je crois que je vais rentrer chez moi, j'ai envie de me poser, ça me prend la tête toutes ces histoires.

– Bon, mais ça serait cool qu'on réfléchisse par rapport à ce qu'a demandé Charles, la façon de récupérer le dossier.

– Ça me prend la tête, je te dis, j'ai aucune idée de comment faire, moi !

– Et tu veux pas qu'on fasse un peu de TK ensemble ? Histoire que tu t'entraînes à maîtriser.

– Je préfère bien me reposer aujourd'hui. On pourra faire ça quand Manu sera rentré.

Brad finit ses donuts et son café et il va chercher ses affaires, et on se dit qu'on se retrouve demain soir à la maison avec Manu. Après, c'est Esteban qui doit y aller pour récupérer le cadre cassé avant d'aller à la boutique d'encadrement. Je me retrouve tout seul, mais j'ai pas trop le temps de glander, il faut que j'aille appeler Charles, même si j'ai pas grand-chose à lui dire. J'en ai un peu marre de changer de cabine téléphonique, celle près de la médiathèque fera bien l'affaire, et ça me dit bien aussi d'aller faire un tour au centre-ville.

Sur mon vélo, je me fais la réflexion que ça fait je sais pas combien de temps que j'ai pas joué à des jeux vidéo ou à des jeux en ligne, ou même que j'ai pas maté un film. Si ma mère était là, ça la ferait délirer, elle qui passe son temps à surveiller que je passe pas ma vie devant un écran ! J'arrive à la cabine juste avant dix heures, mais elle est occupée par un pépé, alors j'attends qu'il ait fini. Quand je vois qu'il raccroche, je m'avance pour prendre sa place, mais il reste planté dans le passage et il me dit :

– Bonjour, jeune homme, vous êtes parfaitement à l'heure !

. 39

Panique totale ! Je regarde tout autour, je m'attends presque à voir des commandos qui me sautent dessus. Le vieux me fait :

– Calmez-vous, mon garçon, il n'y a rien à craindre, je n'ai pas été suivi, personne ne nous surveille.

Je le fixe droit dans les yeux, il a un regard que je trouve assez bienveillant, sous ses gros sourcils blancs, on dirait presque qu'il se marre en dedans. En fait, il me fait carrément penser au père d'Indy dans *La Dernière Croisade*, il a pas un poil sur le caillou et une barbiche blanche.

– J'ai pris mes précautions, c'est mon métier, vous savez !

– Monsieur Charles ? Vous êtes M. Charles ?

– Appelez-moi Charles, tout simplement.

Et il me tend sa grosse paluche que je serre, et il m'écrabouille à moitié les doigts. Il a beau être vieux, ce gars, c'est une force de la nature.

– Et comment dois-je vous appeler ? qu'il demande.

– Vous êtes vraiment sûr que… ?

– Fiez-vous à moi.

– C'est que… il y a des choses bizarres, enfin, des trucs inexplicables…

– Comme la radiesthésie ? Ou la télépathie ?

– Ouais, ce genre-là…

– Je ne suis pas borné, vous savez, et j'ai compris que certains aspects de l'enquête que vous m'avez confiée étaient, comment dites-vous… chelous, c'est bien ça.

– Chelous, ouais.

– Écoutez, je connais un endroit très discret et très confortable où nous pourrons discuter de tout cela sans craindre les oreilles indiscrètes.

Je l'accompagne mais je reste sur mes gardes, je me demande si on est pas suivis et j'ai une paupière qui s'abaisse toute seule, et je sais que non.

– C'est bon, je lui fais, personne nous suit.

– C'est bien ce que je vous disais !

– Mais là, je suis vraiment sûr.

– Vous m'expliquerez cela, j'espère !

– Et vous, vous m'expliquerez comment vous avez su que je viendrais à cette cabine.

– Marché conclu !

Il m'entraîne dans une petite rue – rue de l'Enfer ! – et on rentre dans un bistrot qui s'appelle *Le Purgatoire* ; dedans, c'est tout sombre mais assez chicos, genre vieux fauteuils en cuir, boiseries, billard. Charles fait un signe au gars qui est derrière le bar, encore un vieux barbu, mais il a des cheveux celui-là, et un anneau à l'oreille, le vieux pirate type, il a même un catogan. On va dans une petite salle au fond où il y a juste une table avec des banquettes en cuir vert. On s'installe chacun sur une banquette, face à face. Il pose ses grosses mains à plat devant lui sur la table et il me dit :

– Je vous dois des excuses. J'ai trahi votre confiance et j'ai enfreint vos directives, mais je vous assure que je ne l'aurais jamais fait sans l'absolue conviction qu'il n'y avait aucun risque. Et maintenant, dites-moi comment je dois vous appeler, s'il vous plaît.

Il m'inspire confiance, avec sa grosse voix calme. Je me pose quand même la question : « Est-ce qu'il me veut du mal ? » et la réponse fuse dans ma tête, très claire : « Non ! ». Alors je me décontracte.

– Je m'appelle Alan.

– À la bonne heure ! Mon cher Alan, j'ai l'impression que vous ne m'avez pas tout raconté, au sujet de ces choses étranges que vous évoquiez.

– Ben, en fait, c'est lié sans être lié...

– Oui ? Continuez...

– Avec mes potes, eux, ils s'appellent Brad et Esteban et Manu, on a rencontré Huysmans, enfin Vyrus, parce qu'on est vachement intéressés par tous les trucs de parapsychologie, la radiesthésie, les guérisseurs, tout ça...

Je lui raconte toute l'histoire, quand Manu a fait semblant de disparaître, et aussi ce qui s'est passé sur la plage, quand il nous a donné ses pouvoirs, et qu'il nous a interdit de le contacter. Charles m'écoute, vachement concentré, sans rien dire. Je lui dis aussi comment on a trouvé l'argent, il a l'air pas mal impressionné, surtout par le coup du ticket à cinq cent mille balles, de temps en temps il sourit, et puis je lui parle de la TK, des entraînements et tout ça, et là il lève un peu les sourcils.

– Si je comprends bien, vous possédez maintenant le don de radiesthésie de Vyrus, vous êtes télépathes et vous pouvez déplacer des objets à distance par la pensée ?

– Ouais, enfin, la radiesthésie et la télépathie, c'est juste moi.

– Est-ce que je peux vous offrir un rafraîchissement ?

Mais qu'est-ce qu'ils ont, ces vieux, à toujours vous proposer de boire quelque chose en plein au milieu d'une conversation sérieuse ? Je lui dis quand même que je veux bien un Coca, alors il appelle le barman – son nom c'est John – et il commande un Coca et une bière pour lui. John nous apporte nos rafraîchissements et Charles lève sa chope et on trinque. Il siffle la moitié de sa bière, la repose et s'essuie la bouche avant de reprendre :

– Montrez-moi !

– Que je vous montre quoi ?

– Vos pouvoirs, pardi ! Autant par curiosité personnelle que pour les besoins de notre affaire. Sans vouloir vous offenser, ce que vous m'annoncez là est un peu difficile à croire, tout de même. Je vous fais confiance, vous me faites l'effet d'un garçon raisonnable, mais tout ça pourrait être une illusion, une forme de mythomanie…

– Je suis pas mytho ! C'est vrai, ces trucs !

– Faites-moi une démonstration ! Devinez mes pensées, par exemple…

– Hum… Des olives. Je vois des olives. Vous avez un petit creux ?

– Extraordinaire ! Je préférerais néanmoins des frites !

– Ça, c'est moi qui vous l'ai mis dans la tête à la place des olives. Ça marche dans les deux sens, c'est ce que je vous expliquais, c'est ce qui est arrivé quand je suis passé rue du Dragon et que cette voix a parlé dans ma tête.

– Vous pouvez parler dans la tête également ?

– Je peux essayer... Je vais vous poser une question.

Je pose la question le plus fort possible en direction de Charles : « On va au MacDo ? »

– Non, je ne désire pas me rendre au MacDo !

– Vous voyez, c'est comme ça que ça marche.

– C'est ahurissant !

– Ouais, mais moi je pense pas pouvoir le faire sur quelqu'un qui est loin et que je vois pas. Le gars qui m'a parlé rue du Dragon, il devait être vachement plus balèze.

– Essayez ! Demandez des olives à John !

– Je veux bien, mais je l'ai jamais fait. Enfin, si, je l'ai fait à travers des volets, mais c'était pas très loin.

J'essaye de faire comme chez Manu, je scanne le bistrot, et je tombe sur une photo de fille nue !

– Je crois que John est en train de mater une revue sexy derrière son bar !

– Allez-y, demandez-lui !

– OK.

Je demande à la femme à poil : « John, on pourrait avoir des olives ? » Direct on entend John gueuler :

– Qu'est-ce que c'est que ce bordel ?

Charles se met à rigoler.

– Épatant !

– Là, c'était pas très loin, et il est tout seul. J'ai pas à choisir entre plusieurs esprits.

– Et la télékinésie ?

Je fais monter sa chope de bière jusqu'à la

hauteur de son visage. Il est scié. John arrive pile à ce moment-là avec une coupelle remplie d'olives noires. La tronche qu'il fait, y a sa mâchoire qui tombe et ses yeux qui s'écarquillent, Charles a le réflexe d'attraper sa bière, comme s'il était en train de trinquer.

– Ah, des olives ! Merci, John !

John reste planté là.

– Merci John ! C'est parfait !

Finalement, il fait demi-tour et retourne vers son bar avec une démarche de somnambule.

– Et bonne lecture, John !

J'éclate de rire, et Charles aussi, et on trinque encore un coup. Je le trouve vraiment sympa, finalement, ce vieux détective.

– Je vous avoue que je suis stupéfait. Avez-vous essayé de faire bouger des objets plus volumineux ?

– J'arrive à soulever Esteban sur une table basse. J'ai pas essayé plus gros, mais à mon avis y a pas vraiment de limite. Sauf que ça fatigue un max.

– Physiquement ?

– Ben, c'est comme si ça prenait de l'énergie, sauf que sur le moment on sent rien. C'est juste après qu'on est à plat. Mais on est qu'au début, ça doit pouvoir se contrôler, avec l'expérience. Huys... Vyrus nous avait dit que ça le crevait aussi quand il utilisait son don.

– Ah ! Le don ! Parlons-en. Vous en avez donc hérité.

– Juste moi, pas mes potes. C'est pour ça qu'on avait besoin d'une photo, je voulais savoir si Vyrus était encore en vie.

– Et alors ?

– Et alors rien ! Le truc fonctionne, mais ça donne rien avec Vyrus. Il nous avait prévenus que ça marchait pas avec certains sujets, par exemple si on pose des questions sur le pouvoir lui-même.

– Ainsi, c'est la procédure ? Vous posez une question et vous obtenez une réponse ?

– Juste oui ou non. Faut formuler sa question de manière bien précise.

– Si, par exemple, vous cherchiez à obtenir une information sur ma personne, disons mon âge, comment vous y prendriez-vous ?

– Eh ben, je commencerais par demander « Est-ce que Charles a plus de quatre-vingts piges ? »

– Et ça répond ?

– Ouais, vous avez plus.

– Vous avez cligné de l'œil.

– Ça arrive quand on a une réponse, ça le faisait aussi pour Vyrus. Des fois, c'est les deux yeux qui clignent, des fois aucun.

– Et ensuite ?

– Je demande : « Est-ce que Charles a plus de quatre-vingt-cinq ans ? » C'est oui. Et on s'approche de la bonne réponse comme ça.

– Est-ce que vous pouvez deviner si Malvina Vyrus est de retour ?

– Je sais pas. Je peux essayer, mais ça serait plus facile si j'avais une photo.

– Voulez-vous tout de même tenter votre chance ?

– OK. Je me pose la question.

– Alors ?

– Rien. Comme pour Vyrus. Il me faut une photo.

– Je n'en suis pas si sûr.

– Ah bon ?

– Je me demande… Il faudrait faire un autre test… Pouvez-vous localiser un de vos amis ?

– Je dois pouvoir. Il me faudrait une carte.

– Ne bougez pas, je crois que notre ami John en a une.

Il se lève de la banquette et va vers le bar à grandes enjambées. C'est dingue de penser qu'il a plus de quatre-vingt-cinq ans, il doit être vachement sportif. Il revient au bout de quelques secondes avec un plan de la ville qu'il déplie sur la table.

– À vous de jouer !

– Je vais essayer de trouver Esteban.

Le plan est quadrillé en secteurs, c'est assez pratique. Je pose mon index sur le secteur du supermarché et je me pose la question. Ça marche, il est là. Je pose mon doigt précisément sur le bâtiment, c'est bon.

– Il est dans la galerie du supermarché de notre quartier. Si j'avais un plan plus détaillé de la galerie, je pourrais être plus précis. En même temps…

– Oui ?

– En même temps, je savais où il était, on en a causé ce matin, ça m'influence peut-être.

– Essayez avec votre autre ami…

– Brad ? C'est pareil, il est chez lui, je le sais. Enfin, je veux bien…

Je pose le doigt sur la case de la maison de Brad, je pose la question, et ça répond non.

– Tiens, c'est bizarre, il est pas chez lui.

– Essayez les zones adjacentes.

Je teste la case à côté, à l'ouest, rien. Au nord, rien. Au sud, à l'est, rien.

– Où est-ce qu'il est ?

– Élargissez la recherche.

Je pose quatre doigts sur les quatre zones au sud, rien. Sud-ouest, rien. Ouest, nord-ouest, nord, nord-est... Ah ! Ça marche, il est au nord-est ! Je teste les cases une par une, ça répond oui pour la plus proche au nord-est.

– C'est la case du collège. Qu'est-ce qu'il peut bien faire là ?

Je pose le doigt sur le collège, il y est pas. Je regarde ce qu'il y a autour... Et, tout à coup, je comprends ! Je pose le doigt sur un autre bâtiment et ça répond oui.

– Le bâtard ! Je sais où il est !

. 40

– Excusez-moi, il faut que je passe un coup de fil. Allô, Esteban ?

– Ouais ?

– Écoute, il faut absolument que tu te pointes à la salle de ping-pong.

– La salle de ping-pong ?

– Ouais, Brad est là-bas et il va faire des conneries.

– Comment ça ?

– Ça m'est revenu, c'est aujourd'hui le tournoi de rentrée, et j'ai bien peur que Brad se soit inscrit.

– Tu crois qu'il compte faire de la TK ?

– Ouais, grave !

– ¡*Mierda*! Il va se faire repérer !

– C'est pour ça qu'il faut que tu fonces ! Je te rejoins dès que je peux.

– OK, j'y vais.

– Super ! À plus !

Je range mon portable dans ma poche. Charles m'interroge du regard.

– Désolé, mais il faut que j'y aille.

– Des ennuis ?

– C'est Brad, il est à la salle de ping-pong et c'est le grand tournoi de rentrée, aujourd'hui.

– Où est le problème ?

– Le problème, c'est que Brad déteste l'entraîneur du club, Gremil, qui est un sacré connard, faut avouer – il arrêtait pas de casser Brad pendant les entraînements, et du coup on a tous quitté le club. J'ai peur qu'il utilise la TK pour essayer de se venger, et qu'il se fasse repérer.

– Par les personnes qui ont fait disparaître Vyrus ?

– Ouais. Vous comprenez, faut que je trace, c'est pas tout près.

– Je comprends, mais accordez-moi encore deux minutes. Je voulais que vous fassiez cette expérience car j'ai une intuition.

– Par rapport à quoi ?

– Votre don. La radiesthésie. Je crois que ça ne fonctionne pas avec les proches. Sinon, Vyrus n'aurait pas eu besoin de disparaître en se faisant passer pour mort, quand son fils s'est évadé. Il aurait dû le localiser et le faire arrêter à nouveau, mais je pense que son don ne fonctionnait pas avec lui.

– Mais moi, je ne fais pas partie de sa famille.

– D'une certaine manière, si. Comme il vous a transmis son pouvoir, ça fait de vous un proche. De la même manière, vous êtes connecté à Malvina, et vous ne pouvez pas vous servir de votre don avec elle.

– Ouais, ça se tient. Comme Vyrus ne pouvait pas protéger sa petite-fille avec son don, il a choisi de s'en débarrasser.

– Ça semble logique. Mais je ne veux pas plus vous retarder. Allez vous occuper de votre ami, et appelez-moi ce soir, j'aimerais vraiment que nous puissions bavarder encore.

– OK, dès que je peux.

– Allez, filez !

Il me serre la main de manière hyper chaleureuse en me regardant bien dans les yeux. Je crois que je me suis fait un pote !

Je récupère mon vélo à la médiathèque et je fonce comme un malade vers la salle de ping-pong. Si c'est comme l'année dernière, le tournoi commence le matin par les qualifications des joueurs non licenciés, donc si Brad s'est inscrit, il a déjà joué des matchs. Ou peut-être qu'il est juste spectateur et qu'il s'amuse à faire dévier des balles. En même temps que je me pose ces questions, j'ai les réponses qui s'affichent dans ma tête : il participe bien au tournoi. Le côté obscur, direct ! J'espère qu'Esteban va réussir à l'arrêter avant qu'il fasse trop de dégâts !

Je suis hyper essoufflé quand j'arrive enfin. Je rentre et je balaye la salle du regard en reprenant mon souffle. Je vois Esteban dans les tribunes, alors je le rejoins. Quand il me repère, il me fait signe de regarder vers les tables : Brad est en train de jouer contre un classé.

– J'ai pas pu le choper avant, il se planquait dans les vestiaires, mais il m'a vu quand le match a commencé. J'ai regardé les résultats, il s'est inscrit dans les non-licenciés, il a gagné ses deux matchs, ensuite il a battu un non-classé du club, Chila, et là c'est l'entrée en compétition des classés. Ce mec contre qui il joue, il est classé quatorze.

– Ouais, je le reconnais, il s'appelle Masski. Il est vachement plus fort que Brad.

– Mais il fait pas de TK ! Il a perdu les trois premiers sets 11-8, 11-9, 11-8, et Brad mène 2-1 dans le quatrième.

– Il est malin, le Brad, il s'arrange pour pas trop gagner !

– C'est surtout qu'il a du mal à rattraper la balle, il fait pratiquement tous ses points au service. Tiens, regarde, 2-2, c'est lui qui sert.

Quand on jouait ensemble au club, Brad, il était pas capable de faire un service avec assez d'effet ou assez de profondeur pour que ça soit difficile à remettre. Là il fait semblant de faire un truc hyper compliqué mais il envoie un service complètement naze, sauf qu'il fait dévier la balle après le rebond ! Du coup, c'est un ace presque à chaque fois, et même si son adversaire arrive à renvoyer la balle, c'est un caviar facile à smasher. Et même pour ça il s'aide de la TK, pour accélérer la balle. Je vois Gremil derrière la table d'arbitrage, il est vert. Tu parles ! Brad sort des effets contre-nature, il coupe à mort et la balle rebondit comme s'il avait sorti un gros top, même avec le meilleur toucher de balle c'est impossible ! Ils en sont à 7-6, Brad va faire son deuxième service, je me concentre et je dis dans sa tête : « Arrête tes conneries, tu vas te faire repérer ! » Il se tourne vers moi, et il me tire la langue. Ah, c'est comme ça ? Au moment où il frappe la balle, je lui envoie l'image d'une grosse araignée bien dégoûtante. Il gueule et il envoie son service dans le filet. Je peux lire dans ses pensées que je suis un gros connard et que je devrais lui foutre la paix. Sympa ! 7-7. Si j'arrive à le perturber suffisamment, et qu'il rate les services à venir, je peux lui faire perdre le set. Brad demande un temps mort, et il va s'asseoir sur sa chaise pour boire un coup. En passant, il me jette un regard bien haineux. Esteban me pousse du coude.

– Je sais pas ce que tu fais, mais c'est pas une bonne idée.

– Il faut pas qu'il gagne, ça fait trop chelou, c'est n'importe quoi !

– Ouais, mais c'est encore plus chelou s'il fait des services de la mort depuis trois heures et qu'il se met à tout rater, tu crois pas ? Maintenant c'est trop tard. Ça aura l'air plus crédible s'il continue comme avant.

– T'as raison, je fais, dégoûté. On est piégés. Tout ce qu'on pourrait faire attirerait encore plus l'attention.

Le match a repris. Le classé quatorze a placé deux services gagnants que Brad a pas réussi à remettre sur la table. 7-9. Brad fait deux de ses services truqués, le classé devient dingue. 9-9. Changement. Le classé balance son premier service dans le filet. 10-9. Balle de match. Stressé par l'enjeu, il fait un service long et haut, presque sans effet, pour être sûr de toucher la table, mais la trajectoire change à mi-parcours, au lieu de redescendre droit, elle part en feuille morte et tombe derrière la table. 11-9. C'est fini. Le gars en croit pas ses yeux, il balance sa raquette par terre de rage. Brad dit « Désolé ! » et s'avance pour lui serrer la main, mais le classé crache par terre, ramasse sa raquette et se tire dans les vestiaires. Brad hausse les épaules et va signer la feuille de match. Gremil s'approche de lui l'air énervé et se penche pour lui parler à l'oreille. Je me projette dans la tête de Brad pour essayer de savoir ce qu'il lui dit, j'entends juste: «... tricher, et ça va pas se passer comme ça!» Brad hausse encore les épaules avec un petit sourire et il se casse dans les vestiaires.

Je me tourne vers Esteban et je lui dis ce que j'ai capté, il grimace.

Il va se faire repérer, c'est sûr!

Et il attire mon attention sur l'entrée de la salle: il y a un gars avec une grosse caméra, suivi d'autres gens qui ont des T-shirts avec le logo de la chaîne télé locale qui viennent d'entrer.

– Ils vont couvrir la phase finale!

– Il faut pas que Brad se fasse filmer!

– Il faudrait qu'on puisse le choper, mais on peut pas entrer dans les vestiaires si on participe pas au tournoi. T'as pas invisibilité, dans ton kit?

– Ça serait pratique. Attends, je me pose la question, on sait jamais.

– Alors?

– Pas de réponse. C'est normal, ça répond pas quand on demande des trucs sur les pouvoirs.

– Donc c'est pas exclu?

– Faut pas rêver, quand même!

– T'arrives à te connecter à Brad?

– Je vais essayer, mais s'il y a du monde dans les vestiaires, ça va être coton. C'est ce que je disais à Charles...

– Ah ouais, au fait, ça s'est bien passé, ton coup de fil?

– Je te raconterai. Pour l'instant, y a plus urgent. Brad doit pas continuer le tournoi.

– On a un peu de temps, là il y a le dernier huitième, et après c'est les quarts de finale, normalement

Brad joue le dernier. Si on compte un quart d'heure par match au minimum, une heure et quart au maximum en sept sets si c'est serré, avec les pauses entre chaque match, on a une heure et demie minimum, trois heures maximum, je pense, avant que Brad revienne à la table. Alors, t'y arrives ?

– Il doit y avoir cinq ou six personnes dans les vestiaires… Attends… Ah ! C'est plus facile que je pensais ! Tous les autres le regardent en pensant que c'est un sale tricheur !

Je capte les pensées de Brad, il rumine qu'il s'en fout, qu'il a bien le droit d'utiliser la TK, que c'est pas interdit et qu'on aille tous se faire voir. En même temps je le connais, il culpabilise un max, mais il voudra jamais le reconnaître. Je lui dis :

– Brad, la télé vient d'arriver, c'est impossible, faut pas que tu continues !

– Fous-moi la paix, je t'ai rien demandé ! Je fais ce que je veux !

– Tu veux devenir une vedette ? Continue comme ça, tu vas être sur YouTube, nickel ! Mais les gens qui ont fait disparaître Vyrus, tu crois qu'ils vont pas faire le lien ?

– Je m'en fous ! Ils ont qu'à venir, on leur latte la tronche avec la TK !

– Et s'ils ont des flingues ? Et s'ils s'en prennent à nos familles ? Arrête de penser qu'à toi !

– Fous-moi la paix, je te dis ! Qu'est-ce que tu veux, toi ?

Là, c'est plus à moi qu'il parle, c'est Masski, le classé qu'il a battu en huitième de finale, qui lui dit quelque chose. Ça se mélange, j'essaye de voir ce qu'il voit, mais il y a trop de monde au même endroit, j'entends par bribes des gars qui s'insultent, et Brad qui gueule plus fort – ou bien c'est parce que je suis encore connecté que je l'entends mieux que les autres.

– C'est la baston dans les vestiaires ! je fais à Esteban.

– Avec Brad ?

– Ouais, y a le gars qu'il a battu, et d'autres, j'ai du mal à capter.

– Ils vont lui faire sa fête !

– Grave ! J'espère qu'il va pas se servir de la TK...

Et là, on entend un gros bruit, genre métal contre métal. Tout le monde regarde vers les vestiaires. Le cameraman décroche sa caméra du trépied où il l'avait installée, il la met sur son épaule, et il se dirige vers les vestiaires.

– Faut pas qu'il filme ça ! Esteban, bloque la porte des vestiaires !

– Comment ?

– Essaye de bouger la porte vers l'extérieur, ça la maintiendra fermée.

– Ouais, je vais me débrouiller !

J'attends qu'il y ait personne devant le cameraman et je pousse sa caméra pour qu'elle glisse de son épaule, elle se crashe à ses pieds – désolé, mec ! – et ça fait diversion. L'équipe télé se regroupe autour de la caméra, il y a une gonzesse, ça doit être la chef, qui engueule le pauvre gars pendant que les autres essayent de la faire marcher. Il y a une dizaine de personnes qui tapent sur la porte des vestiaires pour essayer de l'ouvrir, mais Esteban tient bon, je vois qu'il est concentré. Gremil crie quelque chose avec ses mains en porte-voix contre la porte. Je réessaye de contacter Brad à l'intérieur. Je réussis du premier coup et je vois du sang !

– Brad, qu'est-ce qui se passe? Ça va?

– Moi ça va, mais il y a une bande de connards qui se sont pris des casiers sur la tronche!

– T'es malade d'avoir fait ça!

– Ils allaient me casser la gueule, c'est bien fait pour eux!

– Ils sont pas trop amochés, j'espère!

– Non, ça va, j'ai retenu les casiers pour que ça fasse pas trop mal.

– Et comment on va expliquer ça, maintenant?

– T'en fais pas, je me suis aussi balancé un casier sur la tronche, et j'ai gratté ma coupure au front, ça pisse le sang, j'en ai plein les yeux... Je fais semblant d'être dans les vapes.

– On peut rouvrir la porte, alors?

– Ouais, c'est bon.

Je me tourne vers Esteban et je lui fais signe de lâcher. Gremil et les autres gars du club s'engouffrent dans les vestiaires, et j'explique le truc des casiers à Esteban. Il y a deux pompiers qui viennent d'arriver avec des civières, on entend des bruits de métal qui grince, et Gremil ressort des vestiaires en soutenant un des joueurs, et puis d'autres sortent, aidés par des gars du club, et enfin Brad sur une civière portée par les pompiers. Ils traversent la salle, ils doivent l'emmener à l'hosto. Faut dire que c'est bien impressionnant, il a la tronche couverte de sang.

– Finalement, il va les avoir, ses points de suture, fait Esteban.

– Bien fait pour lui! Quel débile!

– Ouais. Bon, on se tire?

– Attends, j'aimerais bien savoir ce que les gars du vestiaire vont raconter.

Je descends des gradins et je m'approche pour mieux capter, mais en fait il me suffit d'écouter ce qui se dit avec mes oreilles, à l'ancienne. Tout le monde pense que les casiers se sont décrochés du mur tout seuls. Du coup, les exploits de Brad, plus personne y pense. Gremil prend le micro sur le podium, dans un coin de la salle, et il annonce que le tournoi est annulé, suite à un incident technique, qu'il y a des infirmiers qui arrivent pour s'occuper des victimes mais rien de grave a priori.

On a eu chaud !

Je rejoins Esteban dehors. Deux ambulances se garent juste devant l'entrée. On va récupérer nos vélos et on se met en route en direction de l'hosto.

. 41

En roulant, je raconte à Esteban le coup que Charles m'a fait à la cabine téléphonique, et il manque de se casser la figure ! Je le rassure et je lui fais un résumé de la conversation au *Purgatoire*.

– T'as confiance en lui ?

– Ouais, il a l'air réglo. Et sympa, en plus.

– C'est toi qui vois. En tout cas, c'est cool si on est plus obligés de chercher des nouvelles cabines !

– Ouais, c'est plus simple. Pas trop crevé du coup de la porte ?

– Pour l'instant, ça va. Et toi ?

– J'ai pas fait grand-chose, à part pousser la caméra.

– C'est dingue, quand même, ce truc qu'il nous a fait, Brad !

– J'espère qu'il va se calmer, maintenant.

– On va voir ça.

On arrête de tchatcher parce que ça monte pas mal en arrivant à l'hôpital. On trouve Brad assis dans la salle d'attente des urgences, il a un nouveau pansement sur le front et il tire une drôle de tronche. Il doit réfléchir à ce qui vient de se passer. Quand il nous voit, il fait la grimace.

– C'était pas la peine de venir, je vais bien et y a mon père qui se pointe.

– On est pas inquiets pour ta santé, *cabron*! fait Esteban.

– Plutôt pour ta santé mentale! j'ajoute. Mais qu'est-ce qui t'est passé par la tête?

– C'est bon, j'ai un peu déliré, c'est tout! Quand je suis rentré chez moi, j'ai vu l'affiche du tournoi, et je me suis dit que ça serait cool d'aller faire chier ce con de Gremil. En fait, j'ai pas réfléchi, c'est comme si j'étais somnambule, je me voyais faire ces trucs, comme si j'étais spectateur. J'ai pété un câble, quoi!

– Un gros! Faudra plus que ça arrive, hein. T'as vu un docteur, déjà?

– Y a une interne qui a regardé, elle a nettoyé et elle a dit que c'était pas très grave et qu'elle allait recoudre ça tout à l'heure.

On s'assied à côté de lui et on dit rien pendant un moment. Brad est tout piteux, et Esteban le regarde en fronçant les sourcils. Y a pas plus différents que ces deux-là, mais c'est mes potes tous les deux.

– Hé, les gars, décoincez! On s'en tire bien. Et ça veut pas dire qu'on doit plus faire de TK, faut juste être discrets. C'est quand même génial, ce qu'on peut faire, on devrait être joyeux!

Brad regarde timidement Esteban, jusqu'à ce qu'il craque et qu'il rigole.

– C'était quand même bien naze, ta manière de dévier les balles!

– T'as vu la tronche à Masski sur le dernier service ? Il était vert !

– C'était abusé ! Tes espèces de services pourris, ça se voyait trop que c'était pas normal.

– Ce que j'aurais voulu, c'est jouer contre Gremil pour le mettre minable. Et je suis désolé, mais c'est absolument pas interdit de dévier la balle par la pensée. Techniquement, c'est pas de la triche.

On essaye de le convaincre que c'est pas parce qu'il y a rien sur les super pouvoirs dans le règlement que ça lui donne le droit de s'en servir, il se défend en citant *Shaolin Soccer*, un film trop marrant sur une bande de moines qui se servent du kung-fu pour gagner des matchs de foot.

– Si tu veux faire la star avec la TK, choisis un sport moins voyant, je lui dis. Le bowling, le javelot, je sais pas, moi... la pétanque ! Tiens, je vois ton père, on va te laisser.

On s'éclipse par la sortie des urgences, j'ai pas trop envie d'avoir à expliquer quoi que ce soit, surtout au père de Brad qui pose toujours plein de questions.

Esteban doit aller chercher le cadre qu'il a commandé à la galerie du supermarché, alors on y va ensemble. Comme c'est quand même assez cher – pour quatre bouts de bois et un morceau de verre ! – je sors les billets de cent et j'en prélève un pour payer. Esteban se place entre moi et le comptoir et il m'engueule à voix basse :

– Vas-y, montre les biffetons à tout le monde, pendant que t'y es ! Toi qui nous fais toujours ièche pour qu'on soit discrets ! Et t'as toujours le ticket de Hold-Up dans la poche ? Je croyais que tu l'avais mis en lieu sûr !

– J'ai pas trouvé mieux que de le garder sur moi.

– Alors, tu te balades avec un demi-million dans ton fute, tranquille !

– Au moins je sais où il est, le demi-million. Allez, on va pas y passer la journée.

Je file un billet au gars de la boutique d'encadrement, il me rend la monnaie – pas beaucoup – et il me donne le cadre emballé dans du papier bulle. Après, on va chez Manu, on perd un peu de temps à chercher le petit clou pour accrocher le cadre, mais on a dû l'aspirer quand on a fait le ménage et on remet pas la main dessus, alors on l'accroche avec une épingle qu'on a trouvée dans la cuisine à la place. Ça a l'air de bien tenir. On active l'alarme et on sort.

Au moment de passer la porte, j'ai un vieux doute, et je dis à Esteban d'aller m'attendre près des vélos parce que je dois encore vérifier un truc. Je recompose le code de l'alarme et je vais dans le salon pour décrocher le nouveau cadre, et je le pose à l'envers sur la table. Je démonte les petites pattes en métal qui font tenir le fond en carton pour pouvoir le soulever. C'est bien ce que je pensais : il y a une petite étiquette avec les coordonnées de la boutique, glissée entre le fond et la photo du cadre. Ils font ça des fois, pour qu'on sache d'où vient le cadre quand on a besoin de le faire réparer. J'enlève cette fichue étiquette, et je vais remettre le fond, mais j'ai une bonne idée qui me passe par la tête, une bonne blague pour Manu, alors je file chercher un stylo dans sa chambre, et j'écris en tout petit sur la face intérieure du fond « SURPRISE ! » et je lui laisse un petit paquet de billets de cent comme souvenir. La tête qu'il va faire quand je lui dirai de regarder dans le cadre ! Je rigole tout seul en refixant le fond et puis j'accroche le cadre à sa place. Nickel ! Je remets l'alarme, je ferme à clé et je rejoins Esteban. Je lui explique le coup de l'étiquette dans le cadre, il est vert, et il me trouve vachement malin. Après, on passe chez lui reposer la clé, comme prévu. C'est pas encore l'heure du rendez-vous téléphonique du soir avec Charles, mais il a dit de l'appeler quand je pourrais.

– Depuis ton portable ? Tu crois que ça craint plus ?

– Apparemment, personne nous surveille. J'ai demandé, ce matin, et ça a répondu non.

– C'est toi qui vois.

J'appelle donc Charles, et il nous propose de le rejoindre au même bistrot que le matin. On y arrive en moins de dix minutes, et on laisse nos vélos dans la rue. La salle est vide, John est en train de lire derrière son bar, il me fait un signe de la tête et il m'indique la salle du fond. On s'assied à la même table que ce matin et on attend que Charles se pointe.

– C'est marrant, ce bar, fait Esteban. Ça fait vieux, mais c'est assez classe.

– Ouais, mais c'est bizarre, on dirait qu'il y a jamais de clients.

Comme pour me donner tort, il y a deux types qui entrent, ils serrent la main de John et ils s'asseyent au bar, sur des tabourets hauts, et ils discutent à voix basse en sirotant de la bière. Un truc qui me frappe maintenant, c'est qu'il y a pas de musique. En général, même si je suis pas un habitué des bistrots, dans ce genre de lieu, il y a toujours la radio en bruit de fond, ou une musique quelconque, mais là c'est silencieux, à part la conversation des clients. John vient nous voir, il nous demande si on veut boire quelque chose, on prend des Coca. Quand il nous les apporte, il nous dit que Charles arrive.

– Ah, ça y est ! fait Esteban, je sens venir le coup de barre.

– Ça va aller ?

– Faut bien, je vais pas faire dodo maintenant.

– Il faudrait qu'on trouve un moyen de gérer l'énergie, ou au moins d'en récupérer sans avoir à dormir cinquante heures. On peut essayer de faire le vide en respirant à fond, comme pour la méditation.

– Là, maintenant ?

– Ouais. Au pire, ça peut pas nous faire de mal.

On se tient bien droits chacun sur notre banquette et on ferme les yeux, on inspire doucement et à fond, et on attend un peu avant d'expirer, doucement, pareil, à fond.

– Hum ! Je ne veux pas vous déranger, mais...

C'est Charles. Il nous regarde en haussant les sourcils.

– Charles, enchanté, vous devez être Esteban, qu'il fait en tendant sa grosse paluche.

– Euh, oui, bonjour, fait Esteban en lui serrant la main.

– On essaye de reprendre de l'énergie en méditant, je fais.

– J'en déduis que vous avez utilisé vos pouvoirs. Votre autre ami, Brad ?

– Il a carrément déconné !

On lui raconte tout ce qui s'est passé à la salle de ping-pong, au début il nous écoute hyper sérieusement avec les sourcils froncés, en tirant sur les poils de sa barbiche mais, au fur et à mesure, il se met à sourire, et il éclate carrément de rire quand on explique le coup des vestiaires et comment Brad s'en est sorti.

– Vous avez bien fait de faire tomber la caméra. Ceci étant, il faut espérer que personne dans la salle n'aura eu l'idée de filmer les exploits de votre ami avec un téléphone portable ou un appareil photo.

– J'ai vu personne filmer, dit Esteban.

– Mais on était pas là pour les premiers matchs. Faudra surveiller les sites de vidéos.

– De toute façon, c'est fait, c'est fait !

– Brillante conclusion, lui dit Charles en s'asseyant à côté de lui.

– Vous vous moquez, là !

– Ne le prenez pas mal, votre petite histoire m'a mis en joie !

– Ouais, ben moi, je trouve que ça craint quand même, râle Esteban.

– Excusez-le, je dis, il est fatigué, ça le rend grognon.

– Je comprends.

– Il y a des nouvelles, au niveau de l'enquête ?

– Je n'ai rien trouvé de nouveau. Il faut passer à la vitesse supérieure. J'ai contacté le procureur afin qu'il lance une recherche à grande échelle. Je crains qu'il ne faille que vous le rencontriez.

– C'est vraiment obligé ? On voulait rester discrets !

– Je lui ai raconté toute l'histoire. Comme je m'y attendais, il est extrêmement sceptique. Quand j'ai évoqué les phénomènes parapsychiques, j'ai bien cru qu'il allait me faire interner ! J'ai réussi à obtenir une entrevue, de telle manière que vous puissiez lui faire la démonstration de vos dons.

– Vous pensez vraiment que c'est ce qu'il faut faire ?

– Lui seul a le pouvoir de déployer les moyens dont nous avons besoin, à grande échelle. Il a accès à toutes les données des aéroports, des péages, des gares, aux caméras de surveillance, aux enregistrements téléphoniques. Et il peut diligenter des recherches sur le terrain, des battues. Mais tant qu'il ne sera pas convaincu, il ne bougera pas le petit doigt.

– Bon, on dirait qu'on peut pas y couper. Vous êtes sûr qu'il est fiable, ce type ?

– Il ne croit absolument pas aux phénomènes parapsychologiques, mais il est intègre. Honnête, si vous préférez.

– C'est pas un peu un minimum, pour un gars comme ça ?

– Normalement, oui. Vous voulez le tester ? En utilisant vos pouvoirs.

– Si j'ai pas de photo, je pense pas que ça marche. Comment il s'appelle ?

– Gérard de Wild.

Je me concentre bien, je fais le vide. Esteban s'est mis à comater, alors Charles l'allonge sur la banquette et il demande à John une couverture qu'il roule et qu'il met sous sa tête comme oreiller. Quand je me sens bien réceptif, je me pose la question : « Est-ce que le procureur Gérard de Wild est intègre ? » Ça marche ! Et c'est positif. Je le dis à Charles à voix basse, ça a l'air de le rassurer aussi.

– Bien. Je l'appellerai tout à l'heure pour prendre rendez-vous. Je dois maintenant partir à l'aéroport pour accueillir Malvina Vyrus. J'ai obtenu du commissaire de police qu'il fasse jouer ses relations auprès du juge des tutelles, afin qu'elle soit confiée provisoirement à ma garde, si elle le souhaite. Je compte lui expliquer toute l'histoire ce soir même.

– Ça va lui faire un choc, si elle sait même pas que Huysmans c'est pas son vrai nom !

– C'est pour cela que j'aimerais que vous soyez présents. Vous êtes les dernières personnes à avoir vu son grand-père...

– Si vous pensez que c'est mieux.

– Oui, je le pense. Je vais donner des instructions à John pour qu'il vous conduise chez moi dès que votre ami aura récupéré.

– On peut se débrouiller seuls, j'ai l'adresse.

– Celle de mon bureau, mais pas celle de mon domicile. Allez-y avec John, cela sera plus simple.

– Bon, comme vous voulez.

– Merci, Alan. À très bientôt, donc.

Les deux types de tout à l'heure sont partis pendant qu'on parlait, alors il reste que nous avec John et, comme j'ai rien de mieux à faire, je m'allonge sur ma banquette. John vient prendre nos verres. Il tire un rideau qui sépare la petite salle du reste du bistrot, et on se retrouve dans la pénombre et, peu après, il m'apporte aussi une couverture.

– Super, merci John.

Il grommelle un truc que je comprends pas, ça doit vouloir dire « de rien » en langage John.

– John ? Si on roupille encore dans deux heures, vous pouvez nous réveiller ?

Il fait oui de la tête et il sort en tirant le rideau.

Dans le noir, je pense à la petite-fille de Vyrus, je me

demande comment Charles va lui annoncer tout ça, et surtout comment elle va le prendre. Si ça m'arrivait, qu'un jour je rentre chez moi et que ma famille ait disparu, et qu'en plus on me dise que mon nom c'est pas mon vrai nom, que mon père c'est un fou meurtrier – assassin de sa propre mère, en plus – je crois que je deviendrais dingue. Personne peut encaisser ça !

. 42

– Alan ! Ho ! Alan ! Réveille-toi !

C'est Esteban qui me secoue. J'ai l'impression d'avoir déjà vécu cette scène-là ! Je sens un peu de panique dans sa voix. Le temps que j'émerge, et je le rassure en lui expliquant pourquoi on est dans le noir couchés sur des banquettes en cuir de part et d'autre d'une table de bistrot. Je glisse de ma banquette et j'écarte le rideau. Toujours personne dans la salle. Je m'approche du bar, et je demande à John s'il a pas un petit truc à grignoter. Il me tend une coupelle d'olives avec un petit sourire entendu.

– Plutôt quelque chose de sucré... Du chocolat. Ou des bonbons.

J'aurais aussi bien pu lui demander de la cervelle de singe ou des langues de fourmi ! Il me balance une poignée de sucre en morceaux sur le bar avant de retourner à sa lecture.

– Merci, John. Et bonne lecture !

Il me jette un regard noir pendant que je file jusqu'à la petite salle avec mon sucre dans les mains. J'en donne la moitié à Esteban et j'ouvre le rideau. On a dormi plus d'une heure et demie, il doit pas être loin d'aller retrouver Charles. On croque nos morceaux de sucre en silence, ça fait du bien. Après, on ramène ses couvertures à John, et on grimpe chacun sur un tabouret en attendant qu'il nous emmène.

Il regarde sa montre et range sa revue en ronchonnant, puis il enfile un blouson de cuir tout râpé et nous fait signe de sortir. Je remarque pour la première fois qu'il porte des santiags, c'est trop marrant, on dirait un pépé qui a piqué les fringues de son petit-fils. Il ferme à clé, et il part dans la rue, alors on le suit. Au bout de la rue de l'Enfer, il prend à gauche une petite ruelle avec des escaliers qu'il monte à toute blinde. C'est dingue, ces papys, ils font tous du sport ou quoi ? On rame pour le rattraper, mais il s'arrête en haut des marches près d'un side-car qui doit avoir au moins cinquante ans, kaki et rouillé. Il sort de la nacelle deux casques de la même époque – je dirais Seconde Guerre mondiale – et il nous les donne avant de s'asseoir sur la moto. Esteban est plus rapide que moi et il saute dans la nacelle, alors j'ai plus qu'à me hisser derrière John et à me cramponner à son blouson. Ça fait un bruit terrible quand il met le contact, mais c'est encore pire quand il démarre. Je manque de basculer en arrière mais il a prévu le coup, il me retient de sa main gauche tout en accélérant de la droite.

Comme le casque est trop grand pour ma tête, j'ai du mal à voir où on va, et en plus j'ai ses cheveux dans la tronche. Il prend plein de tournants, et à un moment, on roule sur des pavés et je sens bien l'âge de la suspension de sa bécane. Si on était encore engourdis de notre sieste, là, on est bien réveillés ! Quand on arrête de tourner et qu'on roule en ligne droite, j'en profite pour dégager une main et relever mon casque pour voir où on va. On fonce droit sur le canal ! J'entends Esteban qui crie dans sa nacelle et je me mets à hurler aussi, et j'agrippe à fond le cuir du blouson. Je sens qu'on décolle. Je ferme les yeux et je serre les dents.

On atterrit violemment de l'autre côté du canal. John ralentit l'allure alors qu'on pénètre dans une petite cour pavée. On fait encore quelques dizaines de mètres et il stoppe enfin devant le perron en pierre d'une vieille baraque. Il me faut quelques secondes pour reprendre mes esprits. Quel bourrin ! John me fait signe du pouce de descendre, pour qu'il puisse en faire autant. Il a l'air content de lui, et moi j'ai la tête qui tourne. Esteban est tout vert, on dirait qu'il va gerber dans le casque, alors John lui reprend en vitesse.

La porte de la vieille baraque s'ouvre et Charles sort pour nous accueillir. Quand il voit nos têtes, il sourit de manière un peu navrée.

– John est en excellent pilote, mais il n'a plus guère le loisir d'exercer ses talents, alors je lui accorde ce petit plaisir de temps à autre. Il était cascadeur pour le cinéma, avant que le numérique et l'âge ne l'éloignent des studios. Avez-vous vu *La Grande Évasion* ? C'est lui qui poursuivait Steve McQueen.

– Ouais, je l'ai vu, c'est un vieux film. Et j'imagine que c'est le side-car du film.

Et là, John me donne une grande tape sur l'épaule, gentille mais bourrue, du genre câlin de Hulk, et il me fait un clin d'œil.

– Tout juste, jeune homme, me répond Charles. C'est une rareté.

– Vous devez faire ce truc par-dessus le canal à chaque fois que vous rentrez chez vous? demande Esteban.

– Non, bien sûr, il y a une petite passerelle un peu plus loin.

– Ben la prochaine fois, moi, je vote pour la passerelle.

– C'est noté. Et maintenant, si vous le voulez bien, j'ai quelqu'un à vous présenter.

Il nous fait passer devant lui et on rentre dans la maison. Elle fait vraiment vieille, genre en pierre de taille avec des énormes poutres. Il y a une seule pièce en bas, une espèce de cuisine avec une grande table et une énorme cheminée. Il y a que deux petites fenêtres, qui donnent toutes les deux sur la cour. Charles nous fait signe de monter un escalier en bois qui est au fond de la cuisine.

Au premier étage, c'est allumé. C'est une bibliothèque avec un grand bureau et des fauteuils, et sur un des fauteuils il y a une fille. Dès que je passe le seuil, elle me regarde dans les yeux avec un regard hyper triste. Ça se voit qu'elle a beaucoup pleuré, ses paupières sont rouges et ses yeux sont mouillés, et elle a un mouchoir qu'elle tient contre son nez. De la voir comme ça, ça me fait bizarre, tout me revient d'un coup, le chagrin que je ressentirais s'il m'arrivait ce qui lui arrive, tout ça, et je sens des larmes qui montent dans mes yeux, alors je fais semblant de bâiller pour pas que ça se voie. Son regard se durcit, elle se lève et elle me tend la main.

– Malvina Huysmans. Je crois que vous connaissez mon grand-père ?

Je regarde Charles qui me fait non de la tête. Il lui a pas encore dit que Huysmans, c'est pas son vrai nom ! Ça me fait revenir les larmes, alors je détourne le regard en direction d'Esteban et je bredouille :

– Moi c'est Alan, et lui c'est Esteban. On le connaît un peu. Mais pas depuis très longtemps, on l'a rencontré que deux fois.

Elle serre la main à Esteban, qui rougit un peu.

Elle est un peu plus grande que nous, avec des cheveux longs d'une drôle de couleur, noire avec des reflets rouges, et elle est habillée tout en noir, pas gothique, plutôt décontracté. Mais, le plus impressionnant, c'est son regard, ses yeux sont noirs aussi, et hyper grands.

Charles nous invite à nous asseoir, et comme il voit qu'on est un peu gênés, il se met à raconter comment on a rencontré Vyrus. De temps en temps, il nous regarde pour vérifier qu'il oublie rien, et on précise des trucs s'il le faut, surtout quand il raconte ce qui s'est passé sur la plage. Malvina écoute sans rien dire. Elle renifle un peu dans son mouchoir de temps en temps. J'essaye de pas la regarder parce que je sens ces espèces de bouffées d'émotion qui reviennent. Je peux pas non plus passer mon temps à bâiller, ça aurait l'air irrespectueux, et c'est vraiment la dernière chose que je veux, qu'elle croie que je me fiche de ce qui lui arrive.

Charles parle pas de la TK, mais il raconte tout le reste, la voix dans ma tête, comment on a gagné l'argent, l'enquête. Là, il demande à Malvina si elle sait qui sont ses parents. Ça la prend un peu de court, mais elle explique qu'ils sont morts, en même temps que sa grand-mère, dans un accident de la route alors qu'elle était bébé.

Avec Esteban et Charles, on se regarde, il y a un grand silence.

Charles se lève et il va chercher une chaise dans un coin du bureau, il l'approche du fauteuil de Malvina et il s'assied à côté d'elle. Il lui prend la main et il lui parle doucement :

– Malvina, je dois vous révéler certains faits que votre grand-père vous avait cachés sur vos parents.

– Grand-père ne m'aurait jamais rien caché !

– C'était pour votre bien à tous les deux. Écoutez-moi, je suis convaincu qu'il savait parfaitement ce qu'il faisait, gardez bien cela en tête. Et maintenant...

Charles prend une grande inspiration, comme s'il s'apprêtait à plonger, et il dit :

– Est-ce que le nom Vyrus vous dit quelque chose ?

– Virus, comme la grippe ?

– Avec un *Y*. Votre grand-père n'a jamais évoqué ce nom ?

– Ça ne me dit rien. Pourquoi ?

– Parce que c'est votre vrai nom. Vous vous appelez Malvina Vyrus !

Elle se remet à pleurer. Elle écarte une mèche de ses cheveux noir-rouge pour essuyer ses larmes.

– Alors... mon grand-père n'est... Je ne suis pas... sa petite-fille ?

– Si, bien sûr. Son vrai nom est aussi Vyrus. Victor Vyrus. Il a changé de nom à votre naissance pour vous protéger.

– Me protéger de quoi ?

– De votre père.

Ses yeux deviennent encore plus grands sous le coup de la surprise.

– Mon père ? Mais il est…

– Il n'est pas mort. En tout cas, pas que nous sachions.

– Et… ma mère ? Elle aussi, elle est vivante ?

– Nous ne savons pas qui est votre mère. Elle vous a sans doute confiée à votre grand-père peu après votre naissance. Écoutez, je vais vous raconter toute l'histoire, et ensuite vous pourrez me poser toutes les questions que vous voudrez, d'accord ?

Elle fait oui de la tête, alors Charles commence par lui parler de la mort de sa grand-mère qui s'appelait aussi Malvina, de l'enquête et de l'arrestation de son père. Puis il prend un dossier sur son bureau, c'est celui de K.J.

– Il n'y a plus de photographies, ni dans le fichier de la prison, ni dans celui de l'hôpital psychiatrique. Mais les rapports sont éloquents. Je suis désolé, mademoiselle.

– Et personne ne sait ce qu'il est devenu ?

– Il a sûrement changé d'identité après s'être enfui. J'ai lancé un avis de recherche international, mais pour l'instant sans succès.

– Vous pensez que c'est lui qui a enlevé mon grand-père ?

– Rien ne l'indique. Cependant, j'ai appris à me méfier des coïncidences.

– Mais alors, qu'est-ce qu'on peut faire pour le retrouver ?

– Il faut persuader le procureur d'organiser des recherches. Je suis convaincu que cela va payer. En attendant, nous ne pouvons pas faire grand-chose d'autre. Si nous savions ce que cherchent ces criminels…

– La chose que grand-père ne voulait pas qu'ils trouvent.

– Exactement. Avez-vous une idée de ce que ça pourrait être ?

– Il ne me parlait pas beaucoup de son travail. Je savais qu'il avait un don, mais il n'en discutait pas, en tout cas pas avec moi.

Elle tourne son regard vers moi.

– Il devait avoir une grande confiance en vous pour vous avoir fait don de son pouvoir.

– Je sais pas, on se connaissait pas beaucoup, il nous avait juste vus une fois. En fait, il cherchait à s'en débarrasser, et voilà.

– Tout de même, merci pour tout ce que vous avez fait.

– C'est normal, je réponds. Il était… enfin, c'est quelqu'un de bien.

– Grâce à vous, il y a peut-être une chance de le retrouver.

– Ouais, j'espère. J'aimerais bien pouvoir faire plus, mais le pouvoir, ça marche pas quand j'essaye de le retrouver.

– Je sais. Vous êtes connecté à lui.

– Et aussi à vous, Charles m'a demandé d'essayer, et ça marche pas non plus.

Charles se lève.

– Voilà. Vous savez tout. Comme je vous l'ai dit dans la voiture, vous êtes sous ma responsabilité ce soir. Vos bagages sont dans la chambre du dessus, vous pouvez vous y installer. Demain, nous irons voir le juge des tutelles, il y aura des formalités, la journée risque d'être longue.

Il aide Malvina à se lever de son fauteuil, elle lui agrippe le bras hyper fort.

– Merci à vous aussi de faire tout ça.

– Je vous en prie, ce n'est rien, ma petite, fait Charles en la serrant contre lui.

Elle se met à pleurer entre ses bras, et ça me reprend aussi, et je vois qu'Esteban en mène pas large non plus. Charles la conduit à l'escalier du haut, et elle nous fait un petit signe avant de monter.

– Pauvre petite, fait Charles en se rasseyant à son bureau. Merci d'avoir été présents. Si vous voulez, John va vous ramener au *Purgatoire*.

– Euh… On peut pas revenir à pied, plutôt ? demande Esteban.

– Comme vous voulez. Il y en a pour un petit quart d'heure, je vous indique le chemin.

Il déplie un plan de la ville, il nous montre où on est, et il nous raccompagne. John est toujours là, appuyé à son side-car. Il a l'air un peu déçu quand Charles lui dit qu'on se passera de ses services, il met un de ses casques, il démarre sa bécane avec un énorme grondement et il sort de la cour.

– Prenez à droite après le portail et suivez le canal, la passerelle est un peu plus loin. Je vous appelle dès que j'ai fixé le rendez-vous avec le procureur.

– OK. Vous avez besoin d'argent pour continuer ?

– Dorénavant, je suis au service de Malvina. Avec l'héritage de son grand-père, elle a largement les moyens de prendre en charge mes honoraires. Elle m'a même proposé de vous rembourser.

– C'est sympa, mais c'est pas la peine.

En passant le portail, je regarde vers les fenêtres du deuxième étage. C'est allumé et je vois Malvina qui nous regarde partir. Elle me fait un signe de la main, et je lui en fais un aussi.

. 43

En revenant, on se rend compte qu'on a rien bouffé depuis ce matin, à part le sucre que nous a royalement filé John. On fait un détour et on prend un kebab chez mon pote irakien. Il est pas tard, rien ne presse, alors on le mange sur place, et comme ça, on a même du rab de frites. Heureusement qu'on brûle de l'énergie, parce que sinon, avec notre régime alimentaire, on engraisserait comme des cochons ! Ça me fait penser à ma mère et, tout à coup, je réalise que j'ai complètement zappé le mail quotidien. On paye et on décampe en courant. On récupère nos vélos rue de l'Enfer. Le rideau du *Purgatoire* est tiré. On sprinte comme des malades jusqu'à la maison et on arrive juste à temps. J'envoie le mail pendant qu'Esteban prend une douche – on est tout dégoulinants de sueur – et après je fais pareil. Quand je sors de la salle de bains, Esteban est déjà pieuté.

Je me couche aussi, mais j'ai du mal à m'endormir, j'arrête pas de penser à Malvina. Même en faisant le vide avec les techniques de méditation, je continue à voir son regard triste. Je me tourne et je me retourne dans mon lit, pas moyen de trouver le sommeil. À une heure du mat, je renonce et je vais boire un verre de lait bien frais, et je m'installe devant l'ordi pour essayer de me changer les idées. Je sais pas vraiment quoi regarder, alors je me connecte sur un site de bandes-annonces ciné, j'en mate une mais j'ai pas la tête à ça, alors je coupe avant la fin. J'ai pas le cœur non plus à surfer sur des sites de TK ou de parapsychologie.

Un peu au hasard, je tape « Huysmans » dans Google et ça me donne des réponses sur un écrivain, Joris-Karl Huysmans, mort il y a plus de cent ans. C'est marrant, il y a sa photo sur Wikipédia, il ressemble à Charles, sauf qu'il a des lunettes. Je lis un peu sa biographie, et je trouve un truc vachement chelou : sa mère s'appelait Malvina ! Ça veut peut-être rien dire, mais c'est trop bizarre, faudra que j'en parle à Charles. Peut-être que Vyrus, il était fan de ce gars, au point de prendre son nom et de prénommer sa petite-fille Malvina. Et son fils K.J. !

Ça commence à faire beaucoup, quand même ! Je regarde ce qu'il a écrit, et il y a un livre qui sort du lot, ça s'appelle *Là-bas*, ça cause de magie noire, de sorcellerie, de spiritisme, et le plus intéressant, c'est que ça serait basé sur des faits réels. C'est l'histoire d'un gars qui enquête sur Gilles de Rais, un seigneur du XVe siècle qui a combattu avec Jeanne d'Arc pendant la guerre de Cent Ans, et qui a été condamné pour le meurtre de dizaines d'enfants ! C'est même lui qui serait à l'origine de la légende de Barbe-Bleue. Sur Wikipédia, on dit qu'il serait le plus grand tueur en série de l'histoire ! Il faut absolument que j'approfondisse ce truc. J'écris un mail à mon père pour lui demander s'il connaît ce bouquin – il le connaît, c'est sûr, mon père connaît tout !

Le sommeil commence à venir, mais avant de refermer le portable, je fais une dernière recherche dans la partie vidéos. Je tape « ping-pong magie » pour vérifier que les exploits de Brad sont pas en ligne. Je tombe sur de vrais exploits de vrais super joueurs, surtout des Chinois. Je déroule la liste des vidéos, pas de Brad. Pour être bien sûr, j'essaye « ping-pong prodige », avec à peu près le même résultat, sauf qu'il y a plus de gamins – surtout des petits Chinois. J'essaye plusieurs mots-clés du même genre, et je finis par « ping-pong arnaque », mais là, c'est surtout des vidéos de ping-pong sur Wii où on explique comment gagner contre la console.

Je balaye quelques pages de résultats, et je sens que je suis assez épuisé pour m'endormir quand mon regard est accroché par une des vignettes, où on voit un bout de table avec une balle orange en l'air. Je clique, c'est sur YouTube. Publié il y a quatre heures. Je lance la vidéo. Ça commence par un fond noir sur lequel un texte défile. Il y a écrit : « Cette vidéo est réalisée sans trucages. » Après il y a des extraits d'un match. C'est Brad ! Il joue contre un gars que je connais pas, ça doit être un des matchs de qualification d'hier matin. Les boules ! Heureusement, la qualité est pas très bonne, l'image est tremblotante. On voit quand même hyper bien que Brad fait des services presque sans effet et que la balle rebondit n'importe comment ! Il y a cinq minutes de match, que les passages avec de la TK. Je regarde le nombre de vues : trois cent une. Ça se trouve, y en a beaucoup plus, parce que quand on poste une vidéo, YouTube bloque le comptage au-dessus de trois cents vues, le temps de vérifier que c'est pas un buzz artificiel créé par un robot. Il y a pas encore beaucoup de commentaires, mais ça risque de monter rapidement, si le buzz prend. Les super boules !

Pour l'instant, je peux rien faire d'autre que me connecter pour laisser un long commentaire où je dis que c'est un gros *fake* mal fait et que j'ai perdu mon temps à regarder cette vidéo même pas drôle. Je suis dégoûté. Je ferme le portable et je vais me coucher. Je suis encore plus énervé que tout à l'heure, mais comme je suis vraiment claqué, le sommeil finit par venir.

28 août.

J'ai encore la haine contre Brad quand je me réveille. Il est dix heures passées. Je vais voir si Esteban est levé, et je le trouve dans le salon, collé au plafond !

Yaouh ! T'as vu ce que j'arrive à faire ?

Il fait un salto au ralenti et il redescend en douceur.

– Comment tu fais ça ?

– Je le fais, c'est tout ! Si tu commences à te poser des questions, y a plus rien qui marche.

– Me fais pas la leçon, c'est moi qui t'ai tout montré !

– Hé hé ! L'élève dépasse le maître ! Ça me tarde d'essayer dehors, je me demande jusqu'où on peut aller.

– Pour l'instant, on a pas besoin de publicité, Brad s'en est chargé !

– C'est bon, relax ! On a limité les dégâts.

– Tu crois ça, toi ? Viens voir sur YouTube comment ils sont, les dégâts.

Quand je lui montre la vidéo, au début il se met à

jurer en espagnol, mais ça a pas l'air de l'énerver autant que moi. Il me signale qu'il y a que trois cent une vues, je lui explique le truc de YouTube qui bloque à trois cent, et en plus il y a déjà plus de mille appréciations, moitié bonnes, moitié mauvaises.

– Peut-être que c'est pas si grave, qu'il fait. C'est un radiesthésiste qu'ils recherchent, pas quelqu'un qui fait de la TK. L'important, c'est qu'on puisse pas faire le rapprochement avec Vyrus. En plus, franchement, elle est toute pourrie cette vidéo.

– J'espère que t'as raison.

– Si tu veux, on peut la faire retirer.

– Y a moyen ?

– Moi aussi, je connais des trucs sur YouTube.

Il clique sur le drapeau « contenu offensant », puis il sélectionne « violation de mes droits – atteinte à ma vie privée », ça renvoie sur une page avec un lien sur un formulaire qu'il remplit.

– Voilà. Je suis pas sûr que ça soit très efficace. Et de toute façon c'est hyper facile de télécharger une vidéo et de la mettre ailleurs. Mais je crois pas que ça craigne, vraiment.

J'aimerais bien être aussi insouciant que lui. Peut-être que je suis un peu trop maniaque, niveau sécurité. Il referme le portable et on va dans la cuisine prendre le petit déjeuner. En mangeant, on se dit qu'il y a quand même une super bonne nouvelle, c'est que Manu revient aujourd'hui. Il va halluciner quand on lui racontera tout ce qui s'est passé pendant son absence ! On se demande comment on va lui présenter ça, la TK, le pognon, la télépathie.

– C'est mieux en douceur, progressivement, je dis,

on lui explique la pyramide, l'entraînement, etc. Et après on lui montre. Tu gardes tes pirouettes au plafond pour la fin !

– Dommage, je lui aurais bien préparé un petit spectacle d'accueil !

– Frimeur !

– On en reparlera quand tu seras capable de faire pareil.

– Trop fas'.

– Ouais, c'est ça.

– Mais j'ai pas envie maintenant.

– Bien sûr !

– En fait, j'ai vachement pensé à Malvina, cette nuit. J'aimerais bien l'aider.

– On l'a déjà vachement aidée. Sans nous, elle revenait de vacances, plus de grand-père, pas d'explications, rien.

– Je sais bien, mais je voudrais faire plus, être juste présent, qu'elle soit pas toute seule avec les vieux barbus, même s'ils sont sympas. J'ai l'impression de lui devoir ça.

– Moi je veux bien, mais Charles a dit qu'elle allait passer la journée dans des bureaux, à remplir des papiers ou je sais pas quoi.

– On pourrait aller avec elle, pour lui tenir compagnie, mais je veux pas non plus rater le retour de Manu.

– T'as qu'à utiliser la radiesthésie pour savoir quand il rentre.

– Je peux essayer, mais là c'est vraiment pas une question vitale, je sais pas si ça va marcher.

Je me concentre bien, je fais le vide, et pendant ce

temps-là Esteban va chercher dans ma chambre une photo de Manu. Il revient avec le tirage d'un montage que j'avais sur Photoshop où j'avais incrusté nos tronches à la place de celle des hobbits du *Seigneur des anneaux*. Ça me perturbe un petit peu, mais j'arrive à refaire le vide. Je me pose la question « Est-ce que Manu sera chez lui avant midi ? » Ça répond pas.

– Ça marche pas. Je te disais que c'était pas assez important.

– C'est pas grave, on a qu'à rester dans le coin. Tu la reverras, Malvina !

– Connard.

Esteban fait toujours ça avec les filles, genre que ça l'intéresse pas, mais à mon avis c'est pour cacher qu'il est hyper intéressé. La preuve, le coup du bisou ! Et j'ai bien vu qu'il rougissait à mort quand Malvina le regardait, hier soir. S'il pouvait baisser un peu la garde, de temps en temps, ça serait plus cool pour lui.

Enfin bon, je sais qu'il a raison sur ce coup-là, j'ai juste envie de la revoir.

44.

On traîne notre peau en attendant que Manu nous appelle, on fait pas grand-chose. Je me suis dit qu'il faudrait que je range un peu, que je passe l'aspirateur, que je vide les poubelles. Ma mère rentre dans deux jours, et ça serait cool que la maison soit *clean*. J'ai vraiment du mal à imaginer que la vie reprenne un cours normal, la famille, le lycée, les devoirs, tout ça… J'ai regardé mes mails avant de m'y mettre, il y a déjà une réponse de mon père, par rapport à ma question sur le bouquin de Joris-Karl Huysmans. Il a écrit « Lis-le ! Bisous, papa. » C'est malin ! Ça m'a trop déprimé, et j'ai laissé tomber le ménage. Je ferai ça demain.

Esteban passe le temps à faire de la TK, il essaye de gagner en précision en manipulant un interrupteur à distance. Je me dis que c'est pas plus bête qu'autre chose, alors je me concentre sur l'autre interrupteur du salon, et ça devient une espèce de jeu, on compte celui qui arrive à allumer ou éteindre le plus de fois. Je repense aux neuf points mortels et à tous ces trucs que j'ai recopiés à la médiathèque. Au début, c'est coton de manipuler un truc aussi petit qu'un interrupteur, mais on comprend que c'est pas qu'une question de précision visuelle – sinon on pourrait pas faire de TK à l'aveugle. Au bout de deux heures de ce petit jeu, ça clignote pas mal, on arrête de compter les points. Comme on a utilisé pas mal d'énergie, on se dit qu'il faut qu'on bouffe, mais on a trop la flemme, on arrête de jouer avec la lumière et on se cale chacun à un bout du canapé pour une petite sieste régénératrice.

Je me réveille au son de mon portable qui sonne dans la chambre.

C'est Manu! je fais, en me précipitant pour décrocher.

Mais en fait c'est Charles.

– Allô?

– Alan, c'est Charles. Je ne vous dérange pas?

– Non, non, je faisais juste la sieste.

– La sieste? À six heures?

Je regarde l'horloge de mon téléphone, il est même six heures et quart, on s'est encore fait surprendre!

– Ouais, on a fait un peu de TK, alors on se reposait. Comment ça va, Malvina?

– Je crois qu'elle n'a pas beaucoup dormi, cette nuit. Pour l'instant, elle est en train de s'entretenir avec le juge des tutelles. Mais ce n'est pas ce qui motive mon appel. Nous avons rendez-vous avec le procureur, à son domicile, dans une heure. Puis-je envoyer John vous chercher?

– John? En moto?

– En voiture. Et je vous promets qu'il conduira sagement.

– Pas de cascades ?

– Juré !

– Ce qu'il y a, c'est qu'on attendait notre pote Manu qui doit rentrer de vacances. D'ailleurs, il doit déjà être chez lui à cette heure-ci.

– Je sais. S'il peut se joindre à vous, c'est encore mieux. Brad également.

– Ça, c'est pas gagné. Il doit être en train de bouder dans sa chambre, à mon avis. Je vois ce que je peux faire et je vous rappelle.

Esteban s'est réveillé aussi. Il me regarde en fronçant les sourcils.

– C'est quoi cette histoire avec John ?

– Il va venir nous chercher – en bagnole, t'en fais pas ! – pour qu'on rencontre le procureur. Ça serait bien qu'on y soit tous les quatre, apparemment.

– T'as des nouvelles de Manu ?

– Pas pour l'instant, mais j'allais l'appeler.

Au moment exact où je dis ça, mon portable sonne à nouveau. Je regarde le nom qui est affiché, ce coup-ci c'est vraiment Manu !

– Allô ! Manu ! T'es chez toi ?

– Ouais, on vient de rentrer, y avait des embouteillages, la vraie galère !

– On a un million de trucs à te raconter, faut absolument que tu te pointes.

– Là, tout de suite ?

– *Yesss* ! C'est hyper important !

– C'est que j'ai promis à ma mère de défaire ma valise. En plus, elle est hyper vénère parce qu'il y a un vase qu'elle aimait bien qui s'est cassé la gueule tout seul dans le salon, le truc de ouf.

Je grimace en imaginant la scène, et je chuchote à Esteban en mettant ma main sur le téléphone :

– Ils ont trouvé le vase !

Esteban grimace pareil, et on se met à rigoler, genre fou rire nerveux.

– Y a quelqu'un avec toi ? fait Manu. J'entends rigoler.

– Ouais, c'est Esteban. Écoute, faut que tu te débrouilles, je sais pas, vide ta valise dans la machine à laver et arrive le plus vite possible.

– OK, j'arrive, j'arrive. J'espère que c'est pas des conneries !

– T'en fais pas, tu vas pas le regretter !

Bon, Manu c'est fait. Maintenant, c'est au tour du Bradinouchet, et je sens bien que c'est pas gagné. Esteban me fait sa tronche du gars qu'a faim, et je me rends compte qu'on a rien avalé depuis hier soir, ce que confirme un gémissement à la *The Thing* dans mon bide. Manque de bol, personne a fait les courses, et on a pas trop le temps de passer au MacDo maintenant. Thon. Pommes. Déprimant.

En croquant dans ma deuxième reinette grise du Canada, je compose le numéro de Brad, et je me demande comment je vais bien pouvoir le convaincre de nous retrouver. Ça décroche tout de suite, comme s'il avait déjà son phone dans la main.

– Alan ! C'est cool, j'étais en train de t'appeler.

– Les grands esprits se rencontrent ! Ça va ?

– Tu sais, j'ai vachement réfléchi à toutes les conneries que j'ai faites, j'ai vraiment fait le débile, je suis désolé, vraiment vraiment, je sais pas quoi faire pour me rattraper.

Il a déballé tout ça à fond, comme une récitation, mais ça a l'air sincère.

– Y a un moyen, je fais.

– Tout ce que tu veux !

– Rejoins-nous à la maison, je t'expliquerai.

– C'est que... mon père, je suis pas sûr qu'il ait gobé mes explications, je crois qu'il me surveille, et ça m'étonnerait qu'il me laisse sortir comme ça. En plus, il a rangé mon vélo dans le garage.

– Mmm... Tu sais quoi ? Fais comme si tu te pieutais, dis-lui que t'es encore secoué et que tu veux te reposer.

– En plus, c'est carrément vrai. Je suis resté dans ma chambre à zoner toute la journée.

– Bien, ça sera plus crédible. Une fois que c'est fait, tu restes habillé, tu te couches pas, et tu regardes par la fenêtre. On va venir te chercher en caisse.

– En caisse ? Quelle caisse ?

– Celle du détective, Charles. Je préfère pas en dire plus au téléphone, mais fais-moi confiance.

– Et c'est quoi, comme caisse ?

– Je sais pas. On s'arrêtera devant chez tes voisins, comme ça, tu verras bien depuis ta fenêtre, et ton père pourra rien soupçonner.

– Et c'est pour aller où ?

– Chez le procureur, pour qu'il lance des recherches officielles pour retrouver Vyrus. Je te raconterai tout ça dans la bagnole. Je peux compter sur toi ?

– Si mon père vient vérifier que je dors...

– T'en fais pas, normalement, après ce soir, on sera tranquilles.

– J'espère que tu sais ce que tu fais.

– T'inquiète ! On passe dans une demi-heure, trois quarts d'heure.

– Ouais, à toute.

Après avoir un peu rangé la cuisine, on se pose dans le salon, tout excités d'avance de ce qu'on va raconter à Manu. Ça va bien le faire délirer. Esteban me promet qu'il va pas tout faire valser dans la maison, enfin pas tout de suite. En même temps, j'ai un peu les boules parce que Manu va se retrouver un peu exclu, du fait qu'il a pas de pouvoirs. Bref, je gamberge pas mal, et j'imagine qu'Esteban aussi, vu l'espèce de silence tendu qui règne dans le salon.

On commence à trouver le temps long et on se dit qu'on devrait rappeler Manu, quand on entend un bruit de Klaxon. C'est John ! On se précipite à la porte d'entrée, il y a un gros monospace devant la maison, et effectivement John est au volant. Il nous fait signe de monter, alors je m'approche de la caisse pour lui dire qu'il va falloir attendre un peu, mais Manu déboule sur son BMX juste à ce moment-là. Il est tout essoufflé.

– Désolé les gars ! J'avais un pneu à plat et je retrouvais pas les rustines. Je suis pas trop à la bourre ?

– Non, c'est nickel, justement notre taxi vient d'arriver.

– Notre taxi ? On va quelque part ?

– Je t'expliquerai, c'est une surprise. Je te présente John, c'est notre chauffeur.

– Bonjour, monsieur. Je suis désolé pour le retard.

John grommelle un truc et il nous fait signe du pouce de monter à l'arrière. Pendant que Manu pose son vélo, je vais éteindre les lumières et fermer la porte de la maison, et on monte dans le monospace, Manu et moi sur la banquette du fond et Esteban au milieu, et John démarre en trombe, avant même qu'on ait attaché nos ceintures. Esteban me jette un regard effrayé, mais au bout de la rue John freine tout en douceur, et ensuite il se met à rouler normalement. Je le regarde dans le rétro et il me fait un clin d'œil.

– Il conduit toujours comme ça, ce gars ? fait Manu.

– T'en fais pas, c'est un pro, hein Esteban ?

– Un super pro ! Comment ça se fait que t'arrives que maintenant ?

– Je disais à Alan que j'ai dû réparer un pneu crevé.

– T'aurais pu prendre le vélo de ton beau-père.

– J'y ai pensé, mais la batterie était à plat, et je sais pas si t'as déjà essayé de faire du vélo électrique sans batterie, ça pèse deux tonnes ces trucs-là. Et le biclou de ma mère j'ai les genoux dans le guidon. Mais on s'en fout, je suis là maintenant. Où on va ? Et c'est quoi le million de trucs que vous vouliez me raconter ?

Avant qu'Esteban commence à répondre, je réalise que John est pas au courant, pour nos pouvoirs, alors je parle avant lui à toute vitesse :

– C'est à propos de Huysmans, on a découvert qu'il avait disparu, et on a rendez-vous avec le procureur de la République, pour qu'il lance des recherches.

En même temps que je dis ça, j'envoie un message télépathique à Esteban pour qu'il ne parle pas de nos pouvoirs. Manu me regarde avec les yeux écarquillés, alors je continue mon explication.

– On était inquiets de pas avoir de ses nouvelles,

mais en même temps on osait pas aller vérifier, ni en parler aux flics, alors on a engagé un détective privé.

– Un détective privé ! Comment vous avez fait ça ?

– En fait, c'est assez simple, on a regardé dans l'annuaire, et voilà.

– Et alors, il a trouvé des trucs ?

Je réfléchis à ce que je vais répondre quand John me signale qu'on est arrivés chez Brad. Je lui demande de se garer devant la maison suivante et d'éteindre ses phares.

– C'est chez Brad, la réunion ? J'aurais pu y aller directement ! fait Manu.

– Non, on passe juste le prendre. Le voilà.

– Pourquoi il sort par la fenêtre ?

– C'est compliqué. Il est puni.

– Qu'est-ce qu'il a fait ?

– On va tout te raconter, t'en fais pas.

Quand Brad arrive sur le trottoir, je me connecte à son esprit, et je lui dis de pas parler de nos pouvoirs pour l'instant, même à Manu. Esteban lui ouvre la portière pour qu'il monte à côté de lui.

– Manu ! T'es rentré quand ?

– Cet aprèm. C'est quoi ce truc que t'as au front ? Tu t'es croûté ?

– Ouais, non, c'est rien, je me suis cogné contre une étagère. Comment c'était, les vacances ?

– Chiant, comme d'hab ! La montagne en été, c'est peut-être bon pour mes bronches, mais c'est soûlant : rando à pied, rando à vélo, avec des côtes de malade mental… heureusement qu'y avait une piscine dans le gîte. Alors, il paraît que t'es puni ? Qu'est-ce que t'as fait encore ?

Brad me regarde, je lui fais non de la tête, mais visiblement il sait pas quoi inventer. Je lui fais carrément signe de se taire et je me tourne vers Manu, je le regarde bien dans les yeux et je lui dis :

– Ne réponds pas. Écoute juste.

Et je me mets à lui parler dans la tête.

– J'arrive à faire de la télépathie. Tu comprends ? Ne parle pas, fais juste signe de la tête. Bien. C'est sûrement lié au don de Huysmans, on sait pas trop comment ça marche. John est pas au courant de cette histoire de don, alors je préfère pas qu'il entende tout ça. Voilà ce qui s'est passé...

Pendant le trajet, je lui raconte toute l'histoire, en détail. Il regarde de temps en temps Esteban et Brad, comme pour avoir confirmation, mais comme je sais pas comment faire de la télépathie avec trois personnes à la fois, ils entendent rien, et ils sourient juste bêtement. Je sens qu'il a du mal à y croire, surtout pour la TK, mais rien que le fait que je lui dise tout ça par télépathie, c'est pas mal convaincant. Il peut pas s'empêcher de se marrer quand je parle du tournoi de ping-pong, et Brad capte qu'on parle de lui, alors il prend son air penaud. À un moment, Manu comprend que je peux entendre ses pensées, alors il me demande de lui montrer. N'importe quoi. Il veut voir. Je fouille dans mes poches et je sors mon trousseau de clés, je le pose sur la banquette entre nous, je le fais monter de quelques centimètres, et je lui fais signe de le prendre, pour qu'il vérifie qu'il y a pas de truc. Je sens qu'il peut pas s'empêcher de douter, surtout qu'il sait que j'aime bien les tours de magie et tout ça, alors pour bien lui faire comprendre je le soulève de son siège jusqu'à ce que sa ceinture de sécurité soit tendue, et puis je le repose. Là, il me croit.

Ça doit faire un quart d'heure qu'on roule, on s'arrête devant un portail. John dit un truc dans un boîtier surmonté d'une petite caméra, et le portail s'ouvre. Derrière, il y a une allée en graviers avec des arbres de chaque côté et au bout de l'allée une grosse baraque avec plusieurs caisses garées devant. On y est.

. 45

Au moment où on descend, la porte de la baraque s'ouvre et Charles vient à notre rencontre, suivi par un gars en costard-cravate qui a des cheveux gris coupés en brosse, ça doit être le procureur.

– Ah ! Vous devez être Brad, fait Charles en tendant sa grosse paluche, et vous Manu, c'est formidable que vous puissiez vous joindre à nous. Je vous présente le procureur de Wild. Monsieur le procureur, Alan, Esteban, Brad, Manu.

Le procureur nous serre la main et il nous invite à entrer. John reste dehors, debout près du monospace, il s'allume une clope.

Dans la maison, c'est hyper chic, avec des meubles design et des tableaux abstraits. Je m'attendais à ce que l'entrevue ait lieu dans un bureau, mais de Wild nous fait entrer dans un grand salon avec une cheminée ronde, et on s'assied dans un canapé en cuir noir tellement large qu'on tient à l'aise tous les quatre côte à côte. Sur une table basse en verre, il y a des verres, une bouteille de Coca et une bouteille de whisky, et un bol avec des glaçons. Il y a aussi de la bouffe à apéro, des bretzels, des chips, des trucs comme ça.

Il a bien fait les choses, ça donne tout de suite un côté moins officiel, et je me détends un peu. Charles et de Wild se posent dans des fauteuils, de l'autre côté de la table, bien en face de nous. Ils se regardent, l'air de se demander qui va commencer à causer et, finalement, c'est le procureur qui parle.

– Tout d'abord, je vous remercie d'être venus tous les quatre. Je vous précise d'emblée que cet entretien est officieux. M. Charles m'a fait part de vos inquiétudes quant à la disparition de M. Huysmans, et il m'a raconté dans quelles conditions vous l'aviez rencontré, mais certains éléments restent pour moi obscurs, et j'aimerais entendre votre version avant de lancer une procédure de recherche officielle. Qui veut commencer ?

Je sens les regards de Manu, Esteban et Brad converger : c'est moi qui vais m'y coller !

– Ben, c'est Brad qui a rencontré Huysmans la première fois, il était venu faire ce truc de radiesthésie sur le terrain de ses parents… Comme ça nous intéressait bien, les trucs parapsychologiques, les barreurs de brûlures, tout ça, on voulait lui poser des questions.

– Attendez, pas si vite, j'aimerais que Brad me raconte en détail cette première rencontre.

Brad prend la parole, et il doit tout bien raconter en détail, et le procureur note tout dans un genre de calepin. Il l'interrompt souvent pour lui poser des questions, et quand c'est fini, il me demande de préciser d'où vient cet intérêt pour la parapsychologie, alors je lui raconte l'histoire du voisin de mes grands-parents, et Esteban parle de son grand-oncle qui guérissait les vaches, et Manu de son grand-père qui connaît un barreur de verrues.

On doit répondre à des tas de questions, si on a vraiment assisté à ces trucs ou si on nous les a juste racontés, visiblement ce procureur, il croit pas vraiment à tout ça, mais il est pas agressif, ni rien, il nous propose même de boire du Coca parce qu'on a la gorge sèche à force de parler, et il sert un whisky à Charles. C'est assez cool de pouvoir grignoter aussi parce qu'on commence à avoir la dalle.

On raconte comment on a finalement réussi à rencontrer Huysmans rue du Dragon, et là aussi, il faut qu'on donne plein de détails, le procureur demande si par exemple Huysmans aurait pas pu apercevoir Manu quand il montait se cacher au grenier, et nous on jure que non, mais au fond, on se rend compte que c'est pas hyper certain.

Après je commence à parler du coup de fil de Huysmans, mais de Wild veut absolument tout savoir de ce qui s'est passé entre-temps, et là faut vraiment qu'on fouille dans nos mémoires. À nous quatre, on arrive à peu près à reconstituer ce qu'on a fait, le QCM, les recherches sur la parapsychologie, la découverte des sites sur la TK. Il note tout, en faisant des petits signes de la tête, comme si ça confirmait ce qu'il pensait.

Finalement, il veut bien entendre l'histoire du rendez-vous au terminal du tramway, ce qui s'est passé sur cette plage, comment Huysmans nous a transmis son don, et ça prend vachement de temps parce qu'il faut que chacun de nous confirme ce que disent les autres. Ça commence à me rendre pas mal nerveux, de Wild pose plein de questions, comme s'il voulait nous piéger, et je sens bien que Brad, Esteban et Manu sont pas très à l'aise non plus. Charles dit rien, mais vu la manière dont il regarde le procureur, ça se voit qu'il est inquiet.

Et ça continue, comme ça, on explique comment on a recommencé à faire des QCM, et qu'après on était gavés parce que ça marchait pas, et qu'on a mis tout ça de côté parce que Brad et Esteban allaient partir en vacances, et ils doivent raconter ce qu'ils ont fait jusqu'à leur retour, mais là ils sont pas obligés de rentrer dans les détails, heureusement ! De Wild revient à Manu et à moi, à ce qu'on a fait jusqu'au départ de Manu, et après c'est à son tour de causer de ses vacances à la montagne.

On commence vraiment à se demander à quoi ça sert, et on lui dit, mais il nous demande de prendre patience.

– J'ai besoin du maximum d'informations pour statuer, et j'ai pour habitude de ne rien négliger. Maintenant, Alan, qu'avez-vous fait pendant que vos amis étaient absents ?

– Ben, d'abord j'ai été chez mes grands-parents, avec mes frères.

– Vous avez été revoir le fameux voisin qui guérit les brûlures, j'imagine.

– J'aurais bien voulu, mais il était pas là.

– Mais vous étiez toujours préoccupé par les phénomènes parapsychologiques ?

– Ouais, mais je pouvais pas trop être tranquille, j'étais tout le temps avec mes frangins.

– Et ensuite ?

– Ensuite, on est partis au Cambodge avec mon père.

– Vos parents sont divorcés, c'est ça ?

– Ouais, il nous emmène tous les ans, moi et les jumeaux. Et y avait aussi sa nouvelle copine, enfin femme.

– Votre père est remarié ?

– Ouais.

– C'est donc votre belle-mère.

– Ben... oui.

– Et que ressentez-vous par rapport au fait que votre père soit remarié ?

– Je sais pas... C'est cool pour lui. Elle est sympa.

– Vous ne lui en voulez pas ?

– Pourquoi je lui en voudrais ?

– Peut-être parce que ce mariage signifie que vos parents ne se remettront pas ensemble. Peut-être parce que votre espoir de voir votre famille réunie s'est éteint définitivement.

– Je vois pas ce que ça a à voir avec Huysmans.

– Laissez-moi juger de ce qui a à voir ou pas avec notre affaire. Vous vous entendez bien avec votre père ?

– Ouais, hyper bien ! C'est pas parce qu'il est parti qu'il nous aime plus, ça reste notre père.

– Et votre père envisage d'avoir des enfants avec sa nouvelle femme ?

– Mais qu'est-ce que j'en sais ? Laissez-moi tranquille avec ça !

– Calmez-vous, je vous prie ! Je crois que nous devrions faire une petite pause. Et prendre une collation un peu plus consistante.

Le procureur va dans la cuisine, et on se met tous à parler en même temps, et Charles nous dit que jusque-là ça se passe très bien, mais on sent bien que c'est chelou toutes ces questions perso que de Wild nous pose.

– Mais qu'est-ce qu'il en a à faire de ma belle-mère ? Je vois vraiment pas le rapport !

– Il veut vous cerner psychologiquement. Répondez franchement et simplement, et tout se passera bien.

De Wild revient avec des boîtes de pizza qu'il pose sur la table. Je pensais que cet interrogatoire pourri m'avait coupé l'appétit mais ça sent tellement bon que je me jette sur la bouffe comme les autres. Pendant qu'on mange, de Wild continue de causer, mais de façon plus sympa, il nous demande comment ça se passe au collège, si on sait ce qu'on veut faire plus tard, des trucs comme ça.

Du coup, l'ambiance se détend pas mal. Il nous raconte même des anecdotes sur lui, qu'il était pas très brillant au collège, les conneries qu'il faisait quand il était ado. Mais même en faisant des vannes, il continue de nous sonder, il demande si on a déjà fumé, des cigarettes ou autre chose, mine de rien, juste pour voir comment on réagit. Charles est hyper attentif à toutes nos réponses, il nous fait des petits signes de la tête de temps en temps, comme pour acquiescer.

Quand on est bien gavés de pizza, de Wild emporte les cartons à la cuisine, et il ramène du thé pour nous et du café pour lui et Charles. Une fois qu'on est tous servis, il propose de reprendre où on en était, c'est-à-dire à mes vacances au Cambodge. Il est pas intéressé par Angkor – il connaît –, mais quand je lui parle de la télépathie de mon père, il recommence à prendre des notes. Ce qui est cool, c'est qu'il arrête de me poser plein de questions, il me relance juste de temps en temps pour que je continue, alors c'est ce que je fais.

Je raconte comment je me suis arrangé pour rester seul pendant que ma mère et les jumeaux partaient en Bulgarie, l'entraînement avec la pyramide, le régime thon-pomme, le coup de sonnette de mamie, le stylo, la cartouche d'encre, la balle de ping-pong ; la petite démonstration dans la chambre de Brad ; l'installation d'Esteban chez Manu et de Brad chez moi ; ce que j'ai fait en ville pendant qu'ils s'entraînaient, la voix dans ma tête – là, de Wild hausse les sourcils, mais il dit rien – et la décision d'engager un détective privé.

Je raconte le coup des tickets à gratter avec Bozo, le fric qu'on a gagné, le ticket de Hold-Up à un demi-million – de Wild secoue la tête, comme si j'étais un gros mytho, et il faut que je me retienne pour pas sortir le ticket et lui coller direct sous le nez.

Charles prend le relais pour parler de l'enquête, l'appartement de la rue du Dragon, Malvina, le vrai nom de Huysmans, l'histoire avec son fils, mais tout ça, de Wild le sait déjà. Il décrit aussi mes pouvoirs, les trucs que je lui ai montrés au *Purgatoire*. Après, c'est au tour d'Esteban et de Brad, leurs progrès en TK, le coup du tournoi de ping-pong, la vidéo sur YouTube. Pour finir, de Wild regarde Manu, qui a rien dit depuis longtemps, et lui demande :

– Et vous, que pensez-vous de tout cela ? Après tout, vous étiez absent depuis quinze jours.

– Ben, Alan m'a fait un résumé par télépathie dans la voiture, et après il m'a carrément fait décoller de mon siège, alors ce que je pense de tout ça, c'est que c'est de la folie, mais que c'est génial ! Enfin, pas le truc avec Huysmans, enfin je veux dire Vyrus, hein, cette histoire de disparition, ça craint.

De Wild fait une petite grimace, visiblement c'est pas ce qu'il voulait entendre, il pose son calepin sur la table, il se lève et il se met à marcher dans la pièce en se tenant le menton, comme s'il réfléchissait à fond. Il y a un méga silence. Charles se ressert un café, on n'entend que le bruit de sa petite cuillère qui tinte contre la tasse. Au bout d'un moment, de Wild se plante devant nous, l'air hyper sérieux, et il dit :

– Bien ! Maintenant, je vais vous donner ma version, et je vous prie de m'écouter attentivement.

. 46

– Vous êtes quatre garçons très sympathiques et très convaincants, mais ces histoires de pouvoirs vous sont montées à la tête ! Laissez-moi continuer, Brad ! Vous aurez tout loisir de vous exprimer quand j'en aurai terminé. Je crois que vous avez bien rencontré ce Huysmans, et qu'il vous a menés en bateau. Je connais ce genre d'individu, des charlatans qui vivent de la crédulité de pauvres gens désespérés, leur laissant espérer des miracles. Je comprends votre fascination, à votre âge, immergés comme vous l'êtes dans des mondes fantastiques, des histoires de magie, de science-fiction – j'ai des enfants, je sais de quoi je parle ! Et je comprends aussi votre déception, quand vous vous êtes rendu compte que vous n'aviez pas de pouvoirs, que Huysmans ne vous avait rien transmis du tout. Une déception qui vous a amenés à inventer toute cette histoire, et à y croire !

– Mais c'est n'importe quoi ! crie Brad.

– Je vous ai demandé de ne pas m'interrompre !

Je suis complètement scié ! Je regarde Charles, il a

l'air aussi surpris que nous. Il se lève mais de Wild lui fait signe de se rasseoir.

– Cher monsieur Charles, vous avez été abusé, et je conviens que le récit de ces jeunes gens peut sembler très convaincant, mais je vous demande de me laisser terminer ma démonstration.

Charles se rassied, et de Wild continue son discours :

– Je sais ce qu'il s'est passé. Je m'en doutais déjà, d'après le récit de M. Charles, mais maintenant j'en suis sûr. Vous êtes en plein délire. Et je suis bien déterminé à vous aider à vous en sortir. Pour cela, vous devez être confronté à la réalité, aussi brutale qu'elle vous paraisse. Donc...

Et là, il nous explique qu'on s'est raconté une histoire, une histoire complètement inventée. Que j'ai jamais réussi à faire de la TK, ni Esteban, ni Brad, que le coup de la voix dans ma tête, c'était une voix dans la rue, que le coup des tickets, c'était juste du bol, que pour la télépathie on faisait semblant, que tout ça, ça existe pas : on peut pas faire bouger des choses à distance, on peut pas poser des questions et avoir la réponse qui apparaît dans sa tête, sauf dans les bandes dessinées ou dans les films de super-héros. Quand il s'arrête, Charles se lève et il nous montre du doigt.

– Je vous assure que tout ce qu'ils m'ont dit est vrai. J'en ai eu la démonstration.

– La démonstration ? Un tour de passe-passe au fond d'un bar enfumé ? Un peu de suggestion pour vous faire croire à de la télépathie ? Tout cela ressort du B.A.-BA de l'apprenti prestidigitateur !

– Je sais quand même ce que j'ai vu !

– Ce que vous avez cru voir ! Je dois reconnaître que cet Alan possède une faculté de conviction peu commune, mais croyez-moi, j'en ai interrogé des individus délirants, ils étaient tous très convaincants, d'autant plus qu'ils étaient absolument persuadés de ce qu'ils racontaient. Je suis bien conscient que ces enfants croient ce qu'ils m'ont dit, mais ils doivent être mis en face de la réalité. Télépathie ? Télékinésie ? Clairvoyance ? Tous ces pouvoirs qu'ils prétendent de bonne foi posséder ne sont que des illusions dont ils sont victimes.

Charles baisse son doigt, il nous regarde d'un air triste. De Wild lui met la main sur l'épaule, comme pour le consoler.

Je suis désolé, vraiment. Mais je peux vous donner la preuve de ce que je dis.

Et là, il me dit :

– Montrez-moi vos pouvoirs.

. 47

Avant que je puisse faire quoi que ce soit, Esteban dit :

– Si vous nous croyez pas, qu'est-ce que vous dites de ça !

Et il fait un geste en direction de la table. Je m'attends à ce que les verres se mettent à voler dans tous les sens et je lui dis dans sa tête d'arrêter, mais j'arrive pas à le capter.

Et sur la table, rien n'a bougé. Je regarde Esteban, il est scotché.

– Normalement, ça marche… Je sais pas ce que…

Brad se lève en gueulant :

– On est pas dingues, on a des pouvoirs, c'est vous qui délirez ! et il fait aussi des gestes, en direction de de Wild, mais il se passe rien. Ça marche plus, bordel ! Ça marche plus !

Manu est tétanisé. J'ai la tête qui tourne, je tente vaguement de faire bouger mon verre, mais chez moi non plus la TK fonctionne pas. Je peux juste dire :

– Je vous jure que c'est vrai, c'est vrai…

De Wild s'approche de moi en contournant la table et il s'accroupit pour me parler.

– Vous croyez que c'est vrai, mais ce n'est pas la réalité. Je vais vous aider, je vous le promets.

– Mais… on a pas pu inventer tous ces trucs… le ticket de Hold-Up…

– Montrez-le-moi.

Je fouille dans ma poche, mais comme j'ai changé de fringues ce matin je trouve ni l'argent, ni le ticket.

– Il est dans mon autre fute, à la maison. J'vous jure!

– Bien sûr, bien sûr!

C'est le coup de grâce, ça me fout complètement K.-O. De Wild m'aide à m'étendre en arrière dans le canapé, et il va avec Charles relever Esteban, qui a glissé par terre.

– Alors tout ça, c'était des mensonges? fait Manu d'une voix pâteuse.

– Pas des mensonges. Juste des choses fausses que vous pensiez en toute bonne foi. Mais maintenant, ça va aller, vous avez repris pied dans la réalité, le plus dur est fait. M. Charles, pouvez-vous les ramener chez eux? Je crois que nous en avons fini.

– Bien sûr, je m'en occupe. Et… en ce qui concerne la disparition…

– À mon avis, ce Huysmans, ou quel que soit son nom, s'est enfui pour échapper aux poursuites de gogos qu'il a abusés avec son prétendu don. Il a sans doute voulu donner le change en racontant cette histoire ridicule de criminels et d'objet mystérieux à ces pauvres garçons, sachant qu'ils finiraient bien par en parler à quelqu'un. J'imagine qu'il va s'installer ailleurs, sous un autre nom, et recommencer à escroquer d'honnêtes gens.

– Et sa petite-fille ?

– Elle dispose d'une fortune conséquente, dont elle pourra disposer à sa majorité. Elle peut toujours lancer une procédure de recherche dans l'intérêt des familles, mais je doute que cela aboutisse.

– Je ne sais pas comment je vais lui annoncer ça. Elle est très attachée à son grand-père, il est sa seule famille.

– Avec tout ce qu'il lui a caché pendant toutes ces années, je crois qu'elle soupçonne déjà qu'il n'était pas exactement celui qu'il prétendait être. Libre à vous de la laisser vivre dans l'illusion, mais en tout cas je n'engagerai pas un petit doigt de la force publique dans des recherches. Je vous laisse raccompagner les enfants.

Dans la voiture, personne dit rien. Charles est assis à l'avant, à côté de John. J'arrive pas à croire à ce qui nous arrive. Brad peut pas retenir ses larmes, il exige qu'on le ramène chez lui et il sort sans dire un mot quand John se gare devant la maison de ses voisins. On le regarde rentrer dans sa chambre par la fenêtre et John redémarre. Quand on arrive chez moi, Charles se retourne et nous dit qu'il est désolé, qu'on a tous besoin d'une bonne nuit de repos et qu'il me rappellera dans la journée pour reparler de tout ça. On descend de la caisse et on rentre dans la maison sans se retourner. Dans le salon, la pyramide d'alu est toujours posée sur la table. Esteban la fait tourner du doigt en grommelant des ¡*mierda*!

pendant que je ramasse la balle de ping-pong écrasée qui traîne par terre.

– J'arrive pas à y croire. Il y a quand même des preuves de ce qu'on a fait. On a pas pu inventer ça ! Le ping-pong c'est...

J'ai l'illumination ! La vidéo ! Brad en train de tricher ! Ça c'est du concret ! Je m'assieds devant l'ordi et je vais sur YouTube, mais je me souviens plus des mots-clés que j'ai utilisés, alors je vais dans l'historique et je clique sur la dernière ligne de la veille. Vidéo supprimée ! Je clique sur d'autres liens, mais je retrouve pas cette foutue vidéo ! Déprime totale ! C'est pas possible !

– Y avait plein de témoins au tournoi, tout le monde a vu Brad faire ses trucs. C'était pas que nous !

Manu s'est vautré sur le canapé en mode dodo, mais il baragouine :

– C'était peut-être vraiment des effets pourris. J'ai toujours trouvé qu'il avait une technique trop zarbi, le Brad.

– C'était pas que zarbi, fait Esteban. S'il arrivait vraiment à faire des services comme ça, il serait champion du monde.

– Ouais, en tout cas, ce qui est nul, c'est qu'on a pas un demi-million à se partager.

Le ticket ! Ça c'est une preuve ! Je fonce dans ma piaule et je ramasse mon fute par terre, et je vide toutes les poches sur mon lit. Il y a les billets de cent, d'autres de vingt et de dix, de la monnaie et des bouts de papier, mais pas de Hold-Up. Je crois que je deviens fou ! Dans le salon, Esteban a fini par dégommer la pyramide d'un coup de poing, et Manu roupille. On se regarde avec Esteban, et je me retiens pour pas chialer tellement j'ai les boules.

On est pas des super-héros.

On a jamais été des super-héros.

. 48

10 octobre. 8 heures du soir.

Je suis dans les vestiaires de la salle de ping-pong. Tous les autres se sont changés et sont partis. Moi, je suis pas pressé. Ma mère passe me prendre que dans un quart d'heure. Alors j'attends. J'attends en faisant rouler une balle orange entre mes doigts. Je résiste à la tentation d'essayer de la faire léviter, je sais que ça marche pas, et que ça me ferait plus de mal qu'autre chose. J'ai repris le ping-pong il y a deux semaines. Il faut que je fasse du sport, il paraît. Ça me fait du bien, il paraît. Moi, je sais pas. Tout ce que je sais, c'est que j'ai pas encore le droit de refaire de l'ordi, de rejouer à des jeux vidéo, ni de regarder des films.

Je mange plus de pommes ni de thon, ça me fait gerber. Dans *The Machinist,* Christian Bale joue le rôle d'un type qui hallucine en permanence, qui vit dans un monde qui n'est que le produit de son imagination, pour échapper à la réalité. Avant je trouvais que c'était un bon film, mais pas hyper crédible. Maintenant ça me fout les boules rien que d'y penser.

Le soir du retour de ma mère, le procureur a appelé. Il lui a tout raconté. Au début, elle a cru que c'était une blague, mais il lui a proposé qu'elle vienne le voir le lendemain au tribunal. Il y avait aussi les parents de Brad et d'Esteban et la mère de Manu. Maintenant, on a plus le droit de se voir avec les potes. C'est mieux pour nous, il paraît. On est tous dans des lycées différents. On me laisse jamais tout seul très longtemps, et je crois que pour eux ça doit être pareil.

Je vois un psy deux fois par semaine. Il m'aide à accepter la vérité. Que tout ce qui s'est passé à la fin des vacances c'était qu'un délire. Que c'était dans notre tête.

J'ai revu Charles une fois, il est passé à la maison. Il m'a dit que Malvina avait été placée dans une famille d'accueil, dans une autre ville, mais qu'il avait pas le droit de me dire où. Il m'a dit aussi qu'il se sentait coupable pour tout ce qui s'était passé, qu'il aurait pas dû nous encourager, qu'il aurait dû être moins crédule. Tout ça lui avait fichu un sacré coup de vieux, et il sentait que c'était le moment de prendre sa retraite.

Mon père est venu me voir dès qu'il a été mis au courant. Lui aussi il s'en voulait de m'avoir raconté ses histoires de télépathie, tout ça. Il en voulait aussi à ma mère de m'avoir laissé tout seul pendant quinze jours, et ça, ça craignait vraiment, parce qu'elle culpabilisait déjà assez.

Finalement, y a que mes frangins qui m'ont pas pris

la tête. Je sais pas ce qu'ils ont compris de cette affaire, mais ils viennent tous les soirs dans mon pieu pour me faire des câlins et pour me dire qu'ils savent bien, eux, que je suis pas dingue.

J'aimerais en être aussi sûr !

J'entends un bruit dans la salle, ça doit être ma mère. Je soupire un bon coup et je me lève en fourrant la balle de ping-pong dans la poche de mon survêt, mais c'est pas ma mère qui entre dans les vestiaires.

– Manu ? Qu'est-ce tu fais là ?

– Salut, Alan. Je sais, on a pas le droit de se voir. Mais il fallait absolument que je te parle.

– Je sais pas si c'est une bonne idée. Si ma mère te trouve ici, on va avoir des ennuis.

– J'en ai pas pour longtemps. Je voulais juste te montrer un truc.

– C'est quoi ?

– Eh ben, ce week-end, j'étais en train de bouquiner dans le salon, tranquille, quand un cadre est tombé du mur, sans que je le touche ni rien. J'ai voulu le ramasser, mais y en a la moitié qui m'est restée dans la main, et le fond s'est détaché, avec un paquet de billets, des billets de cent.

– Ouais, je me souviens, c'est moi qui les ai mis là. Je voulais te faire une surprise. J'étais vraiment trop à l'ouest !

– Attends, c'est pas tout !

– Je t'avais écrit un truc sur le carton, je sais plus quoi.

– C'est pas ça. J'ai ramassé les billets pour les compter, et au milieu j'ai trouvé ça !

Et là il me montre un gros ticket à gratter. Un Hold-Up. LE Hold-Up gagnant ! Je regarde Manu. Il a les yeux qui brillent. Tout à coup, c'est comme si les nuages que j'avais dans la tête se changeaient en grand ciel bleu. Je regarde encore le ticket, je sors la balle de ping-pong de ma poche, et je la montre à Manu.

– Tu la vois cette balle ? Regarde bien…

scripto

Glaise
David Almond

Le Jeu de la mort
David Almond

Le Cracheur de feu
David Almond

Imprégnation
David Almond

Douze heures avant
Gabriella Ambrosio

Feuille de verre
Kebir M. Ammi

Interface
M. T. Anderson

Becket ou l'Honneur de Dieu
Jean Anouilh

L'Alouette
Jean Anouilh

Thomas More ou l'Homme libre
Jean Anouilh

Ne fais pas de bruit
Kate Banks

Amis de cœur
Kate Banks

Le Muet du roi Salomon
Pierre-Marie Beaude

La Maison des lointains
Pierre-Marie Beaude

Leïla, les jours
Pierre-Marie Beaude

Quand on est mort c'est pour toute la vie
Azouz Begag

Garçon ou fille
Terence Blacker

Zappe tes parents
Terence Blacker

Fil de fer, la vie
Jean-Noël Blanc

Tête de moi
Jean-Noël Blanc

La Couleur de la rage
Jean-Noël Blanc

Chante, Luna
Paule du Bouchet

À la vie, à la mort
Paule du Bouchet

Mon amie, Sophie Scholl
Paule du Bouchet

Je vous écrirai
Paule du Bouchet

L'Algérie ou la Mort des autres
Virginie Buisson

24 filles en 7 jours
Alex Bradley

Spirit Lake
Sylvie Brien

Junk
Melvin Burgess

Lady
Melvin Burgess

Le Visage de Sara
Melvin Burgess

Kill All Enemies
Melvin Burgess

Le Rêve de Sam
Florence Cadier

Les Gitans partent toujours de nuit
Daniella Carmi

Mauvaise graine
Après la vague

Mauvaise graine
Orianne Charpentier

Lettre à mon ravisseur
Lucy Christopher

Max
Sarah Cohen-Scali

Bonnes vacances
Collectif

La Première Fois
Collectif

De l'eau de-ci de-là
Collectif

Va y avoir du sport!
Collectif

La Mémoire trouée
Élisabeth Combres

Souviens-toi
Élisabeth Combres

Coup de chance et autres nouvelles
Roald Dahl

Ce voyage
Philippe Delerm

Cher inconnu
Berlie Doherty

scripto

Big Easy
Siobhan Dowd

La Parole de Fergus
Siobhan Dowd

Sans un cri
Siobhan Dowd

Où vas-tu, Sunshine ?
Siobhan Dowd

Dis-moi qu'il y a un ouragan
Fabrice Émont

On ne meurt pas,
on est tué
Patrice Favaro

Que cent fleurs
s'épanouissent
Jicai Feng

Le Feu de Shiva
Suzanne Fisher Staples

Afghanes
Suzanne Fisher Staples

La Fille de Shabanu
Suzanne Fisher Staples

Ce que tu m'as dit de dire
Marcello Fois

Jours de collège
Bernard Friot

Voyage à trois
Deborah Gambetta

Où est passée Lola Frizmuth ?
Aurélie Gerlach

Qui veut la peau
de Lola Frizmuth ?
Aurélie Gerlach

Qui es-tu, Alaska ?
John Green

La Face cachée de Margo
John Green

Will et Will
John Green
et David Levithan

L'été où je suis né
Florence Hinckel

Incantation
Alice Hoffman

La Prédiction
Alice Hoffman

Boulevard du Fleuve
Yves Hughes

Polar Bear
Yves Hughes

Septembre en mire
Yves Hughes

Vieilles neiges
Yves Hughes

Mamie mémoire
Hervé Jaouen

Une Fille à la mer
Maureen Johnson

Suite Scarlett
Maureen Johnson

Au secours, Scarlett !
Maureen Johnson

La Bête
Ally Kennen

Déchaîné
Ally Kennen

Haïti, soleil noir
Nick Lake

Des pas dans la neige
Erik Lhomme

15 ans, welcome to England !
Sue Limb

15 ans, charmante mais cinglée
Sue Limb

16 ans ou presque, torture absolue
Sue Limb

S.O.S. chocolat !
Sue Limb

Un papillon dans la peau
Virginie Lou

Enfer et Flanagan
Andreu Martin
et Jaume Ribera

13 ans, 10 000 roupies
Patricia McCormick

Sobibor
Jean Molla

Felicidad
Jean Molla

Silhouette
Jean-Claude Mourlevat

Le ciel est partout
Jandy Nelson

La Vie blues
Han Nollan

Un Été algérien
Jean-Paul Nozière

Bye-bye, Betty
Jean-Paul Nozière

Maboul à zéro
Jean-Paul Nozière

Là où dort le chien
Jean-Paul Nozière

Le Ville de Marseille
Jean-Paul Nozière

Mortelle mémoire
Jean-Paul Nozière

Camps Paradis
Jean-Paul Nozière

Zarbie les yeux verts
Joyce Carol Oates

Sexy
Joyce Carol Oates

scripto

scripto

Les Confidences de Calypso
Romance royale - 1
Trahison royale - 2
Duel princier - 3
Mariage princier - 4
Tyne O'Connell

On s'est juste embrassés
Isabelle Pandazopoulos

La Décision
Isabelle Pandazopoulos

Sur les trois heures après dîner
Michel Quint

Arthur, l'autre légende
Philip Reeve

Mon nez, mon chat, l'amour et... moi
Le Journal intime de Georgia Nicolson - 1
Louise Rennison

Le bonheur est au bout de l'élastique
Le Journal intime de Georgia Nicolson - 2
Louise Rennison

Entre mes nunga-nungas mon cœur balance
Le Journal intime de Georgia Nicolson - 3
Louise Rennison

À plus, Choupi-Trognon
Le Journal intime de Georgia Nicolson - 4
Louise Rennison

Syndrome allumage taille cosmos
Le Journal intime de Georgia Nicolson - 5
Louise Rennison

Escale au Pays du-Nougat-en-Folie
Le Journal intime de Georgia Nicolson - 6
Louise Rennison

Retour à la case égouttoir de l'amour
Le Journal intime de Georgia Nicolson - 7
Louise Rennison

Un gus vaut mieux que deux tu l'auras
Le Journal intime de Georgia Nicolson - 8
Louise Rennison

Le coup passa si près que le félidé fit un écart
Le Journal intime de Georgia Nicolson - 9
Louise Rennison

Bouquet final en forme d'hilaritude!
Le Journal intime de Georgia Nicolson - 10
Louise Rennison

Je m'appelle Marie
Jacques Saglier

Je reviens
Marie Saint-Dizier

Chanson pour Éloïse
Leigh Sauerwein

Ce qu'ils n'ont pas pu nous prendre
Ruta Sepetys

Big Easy
Ruta Sepetys

Guadalquivir
Stéphane Servant

Miette-de-Lune
Nicky Singer

Rock Addict
C. J. Skuse

Mauvais plans
C. J. Skuse

Poussière rouge
Gillian Slovo

Sans abri
Robert Swindells

La Vie en rouge
Anne Thiollier

Rendez-vous en septembre
Anne Vantal

Cool de chez cool
Ned Vizzini

La Guerre des rêves
Catherine Webb

L'Enfant qui savait tuer
Matt Whyman

Porte-poisse
Margaret Wild

Avez-vous vu Zachary Beaver?
Kimberly Willis Holt

Kiss
Jacqueline Wilson

scripto

Loi n° 49-956 du 16 juillet 1949
sur les publications destinées à la jeunesse

PAO : Françoise Pham
Imprimé en Italie par L.E.G.O. Spa - Lavis (TN)
Dépôt légal : mai 2014
N° d'édition : 256070
ISBN : 978-2-07-065650-9